SIEGFRIED BÖTTCHER

Ostasien denkt und handelt anders: Konsequenzen für Deutschland

Schriftenreihe des
ifo Instituts für Wirtschaftsforschung

Nr. 142

Ostasien denkt und handelt anders: Konsequenzen für Deutschland

Von

Siegfried Böttcher

Duncker & Humblot · Berlin / München

Die Deutsche Bibliothek – CIP-Einheitsaufnahme

Böttcher, Siegfried:
Ostasien denkt und handelt anders: Konsequenzen für Deutschland / von Siegfried Böttcher. – Berlin ; München : Duncker und Humblot, 1996
(Schriftenreihe des ifo Instituts für Wirtschaftsforschung ; Nr. 142)
ISBN 3-428-08806-9
NE: ifo Institut für Wirtschaftsforschung ⟨München⟩: Schriftenreihe des ifo Instituts . . .

Fremddatenübernahme und Druck:
Berliner Buchdruckerei Union GmbH, Berlin
Printed in Germany

ISSN 0445-0736
ISBN 3-428-08806-9

Vorwort

„Der Aufbau des Wirtschaftslebens vollzieht sich auf der Basis der Kulturbedingungen“. Diese grundlegende Erkenntnis des deutschen Volkswirtes Werner Sombart (1863-1941) scheint hierzulande in den letzten Jahrzehnten in Vergessenheit geraten zu sein. Anders dürfte die in der hier vorliegenden Studie mehrfach beschriebene und laut beklagte, weit verbreitete Konzeptionslosigkeit gegenüber der wachsenden Konkurrenz aus Japan / Asien bei gleichzeitig aus deutscher Sicht ungenutzten Marktchancen in dieser Weltregion nicht zu erklären sein. Der Autor Siegfried Böttcher weist auf die andersartigen „Transaktionsrahmen“ des Wirtschaftslebens in Asien nachdrücklich hin.

Siegfried Böttcher ist getrieben und motiviert von der Sorge darüber, daß hier infolge der falschen Einschätzung der Grundlagen und Erfolgsbedingungen des „East Asian Miracle“ in Unternehmen und in der Wirtschaftspolitik großer Schaden für die hiesige Wirtschaft entstehen wird. Damit sind Gegenstand dieser Studie Kultur und Wirtschaft in Japan, im chinesischen Wirtschaftsraum und in Deutschland / Europa zugleich. In der Gegenüberstellung dieser drei Welten bleibt Böttcher nicht bei einer Situationsanalyse stehen, sondern gibt konkrete und weitreichende Handlungsanweisungen für Unternehmen und Wirtschaftspolitik.

Dazu ist er von seiner Biographie wie kaum ein anderer befähigt. Bereits seine Promotion führte ihn Mitte der fünfziger Jahre für zwei Jahre nach Japan. Es schlossen sich verschiedene Aufgaben im Bundesministerium für Wirtschaft, im Auswärtigen Amt und im Bundesministerium des Inneren an. Von 1981 bis 1993 leitete er das Referat Japan, Taiwan, Hongkong, Macao im Bundesministerium für Wirtschaft und gestaltete hier die deutsche Außenwirtschaftspolitik gegenüber diesen Ländern wesentlich mit. Die Studie „Ostasien denkt und handelt anders: Konsequenzen für Deutschland“ ist damit die Quintessenz des Arbeitslebens von Siegfried Böttcher.

Bereits im Jahre 1983 hatte das ifo Institut für Wirtschaftsforschung in einem internationalen Symposium auf die großen Chancen hingewiesen, die der „Wachstumsmarkt Südostasien“ der deutschen Wirtschaft zu bieten versprach. Der großen publizistischen Resonanz der Veranstaltung standen allerdings nur mäßige Erfolge bei der aktiven Umsetzung gegenüber: Die deutschen Exporte nach Asien und die Direktinvestitionen deutscher Unternehmen in der Region bleiben aus einer Reihe von Gründen bescheiden. Zunächst (ab Mitte der achtziger Jahre) standen die Vorbereitungen der Wirtschaft auf den Europäischen Binnenmarkt im Vordergrund, später (ab 1990) waren die unternehmerischen Aktivitäten in erster Linie auf die Folgen der deutschen Wiedervereinigung und der Öffnung Osteuropas gerichtet.

Erst allmählich (1993) reagierten die Firmen auf den Wirtschaftsboom in den jungen asiatischen Volkswirtschaften. Das Asien-Pazifik-Konzept der Bundesrepublik Deutschland und die Gründung des Asien-Pazifik-Ausschusses der deutschen Wirtschaft (APA) haben maßgeblich dazu beigetragen, daß die erstaunliche Asien-Lethargie vor allem der mittelständischen Wirtschaft inzwischen von einer Art Asien-Euphorie abgelöst worden ist.

Es ist zu wünschen, daß die hier von Siegfried Böttcher vermittelten Erkenntnisse Eingang in die gesellschaftspolitischen, wirtschaftspolitischen und unternehmerischen Strategien gegenüber Japan und Asien finden werden.

München, im Februar 1996

Prof. Dr. K. H. Oppenländer

Präsident des ifo Instituts für Wirtschaftsforschung

Glück ist die tätige Einsicht
in den Willen Gottes.

Worte des Dankes

Eingangs möchte ich vor allem zwei „Lehrern" meinen Dank sagen. Beide haben meine Beschäftigung mit Ostasien nachhaltig beeinflußt. Pater Wilhelm Schiffer S. J. von der Sophia-Universität, Tokyo, hatte mich vor vierzig Jahren als jungen Doktoranden in die so andersartige religiöse und geistige Welt Japans eingeführt. Professor Ohkawa Kazushi von der Hitotsubashi-Universität, Tokyo, bestärkte mich darin, weitere Untersuchungen über die so ganz anderen Wirtschaftsstrukturen anhand eines Teilbereiches, und zwar der Einkommensdisparitäten zwischen Großunternehmen und kleineren und mittleren Betrieben, durchzuführen. Daraufhin habe ich versucht, diese anderen Phänomene im geistigen wie im wirtschaftlichen Bereich in ursächliche Beziehung zueinander zu setzen. Eine Problematik und Herausforderung, die mich lebenslang nicht mehr losgelassen hat, wenn sie auch im beruflichen Werdegang zeitweilig zurücktreten mußte. Nach meiner Pensionierung habe ich jedoch als freier Publizist diesen Fragenkreis wieder aufgegriffen.

Auslöser für die vorliegende Arbeit war Dr. Helmut Laumer, mit dem ich seit vielen Jahren beruflich und menschlich eng verbunden bin. Er vermittelte mir im Sommer 1993 einen Vortrag vor süddeutschen Unternehmerinnen in Bad Kissingen über das Thema „Unternehmenskulturen Deutschland – Fernost im Vergleich". Daraus ist vorliegende Gegenüberstellung des Westens mit der sino-japanischen Region geworden. Für diese Hilfestellung sage ich Dank.

Es würde den gebotenen Rahmen sprengen, allen denen namentlich zu danken, die bei Vorträgen, Diskussionen und Gesprächen sowie bei der Durchsicht des Manuskriptes Kritik und wertvolle Hinweise gegeben haben.

Siegfried Böttcher

Inhaltsverzeichnis

Thesen

These 1: Ostasiatische Alternativmodelle in drei Bereichen:
1. bei der religiös-geistigen Basis,
2. bei den Wirtschaftsstrukturen und -politiken,
3. beim Arbeitgeber- und Arbeitnehmerverhältnis.

I. Religiös-geistige Basis:

These 2: Renaissance von Religionsströmungen im sino-japanischen Raum als wesentliche Grundlage der erfolgreichen Wirtschaftsentwicklung.

These 3: Die relative Stärke unterschiedlicher religiös-geistiger Kräfte im Westen und in Ostasien ist entscheidend, d. h. welche Systeme lern-, anpassungs- und damit überlebensfähiger sind.

These 4: Eine gesellschaftliche Neubesinnung sowie Neuinterpretation christlicher Werte sind im Westen erforderlich.

II. Sozio-ökonomischer Makrobereich:

These 5: Drei unterschiedliche Transaktionsrahmen in der Weltwirtwirtschaft:
(1) Horizontaler Marktkapitalismus als westliches Kulturkonstrukt,
(2) Vertikaler Ichiban-Kapitalismus in Japan,
(3) Guanxi-Kapitalismus im chinesischen Kultur- und Wirtschaftsraum
bestehen nebeneinander und gegeneinander.

These 6: Horizontale Marktwirtschaften im Westen, vertikale Marktwirtschaften in Ostasien.
Marktwirtschaften sind nicht nach einheitlichen oder auf eine Einheitlichkeit zustrebenden Kriterien geformt, sie sind jeweils kultur- und strukturadäquat. Absage an Konvergenzüberlegungen; formale Ähnlichkeiten, aber inhaltlich andere Strukturen.

These 7: Auf die anderen Transaktionsrahmen und Marktwirtschaften in Ostasien haben wir wenig Einfluß. Für den harten Wettbewerb und für Kooperationen müssen wir unsere Gesellschafts- und Marktstrukturen so stark wir möglich machen.

These 8: Auch die Wirtschaftspolitiken sind in Ostasien anders als im Westen ausgerichtet. Miteinander von Wettbewerb und Kooperation, kein Gegeneinander oder Getrenntsein von Politik / Regierung sowie Wirtschaft und Gewerkschaften.

These 9: Wir müssen (re-)agieren:
(1) im Innenverhältnis die drei Selbstblockaden aufbrechen: deregulieren, innovative Kräfte freisetzen und die Wirtschafts- und Technologiepolitik über einen intensiven Dialog zwischen Politik, Wirtschaft und Gewerkschaften mit (dezentraler) Moderation weiterentwickeln,

(2) im Außenverhältnis mehr Marktöffnung und mehr Markterschließung, auch mit unkonventionellen Mitteln, anstreben. Vom Drei-Säulen-Vorgehen zum Fünf-Säulen-Konzept. Bislang weitgehend nur Nischenlieferungen nach Japan, mögliche Massenlieferungen in den bzw. mögliche Massenproduktionen im chinesischen Raum.

III. Wirtschaftlicher Mikrobereich:

These 10: Unternehmer und Gewerkschaften müssen umsteuern im Innen- wie im Außenverhältnis. Abkehr vom Konfrontationsdenken zwischen Unternehmern und Gewerkschaften, bessere Einbettung in eine zukunftsgerichtete flexible Gesellschaft.

Zusammenfassung:

These 11: Von der „Negativ-zur-Positiv-Gesellschaft", Neuinterpretation christlicher Basiswerte, Bürgerinitiativen und politische Parteien sind gefordert.

These 12: Zu einer neuen Innovations- und Technologiegesellschaft und -politik über mehr Dialog und dezentrale Moderation, mehr strukturelle Marktöffnung und Marktwahrnehmung in Ostasien, Fünf-Säulen-Vorgehen draußen, insbesondere über ein Netz deutscher Häuser und die Bündelung mittelständischer Firmen mit dezentraler Moderation.

These 13: Von der tayloristischen (marxistischen) Konfrontation zu einem deutsch-ganzheitlichen Modell: innovative Gruppenarbeit mit hochqualifizierten Facharbeitern. Manager müssen mehr Mut zeigen und Produktivitäts- und Innovationspotentiale ausschöpfen.

These 14: Ein optimales Ergebnis läßt sich nur über ein Tätigwerden in allen drei Bereichen: Religion und Gesellschaft, Wirtschaftssystem und -politik sowie Arbeitgeber-Arbeitnehmer-Verhältnis erreichen.

These 15: Ostasien als „reale Utopie" des 21. Jahrhunderts.

Einführung: Um der Sache und unserer Zukunft willen

Sie werden sich wahrscheinlich fragen, warum ich eine weitere Veröffentlichung über Ostasien, noch dazu mit einem so anspruchsvollen Titel, vorlege, denn an Berichten über diesen anderen Teil der Welt mangelt es heute keineswegs. Diese Berichte behandeln jedoch überwiegend nur Teilaspekte oder bringen Tages- und Tatsachenbeschreibungen, die zumeist der Oberfläche verhaftet bleiben und nicht viel weiterhelfen.

Leider mangelt es an fundierten Versuchen eines Gesamtverständnisses der uns nach wie vor fremden Region Ostasien. Übergreifende Bestandsaufnahmen über Ostasien mit seinen so ganz anderen Strukturen – angefangen von den anderen Religionen und Kulturen über die dadurch weitgehend bestimmten anderen Wirtschaftsstrukturen und -politiken bis hin zu den anderen Unternehmer-Arbeitnehmer-Beziehungen – stehen aus. Bei derartigen Defiziten waren und sind Mißerfolge der westlichen Welt in und mit Ostasien fast schon vorprogrammiert.

Aber auch die Beschäftigung mit Ostasien allein genügt noch nicht. Eine „Gesamtanalyse“ darf sich nicht nur auf diese Region beschränken. Wir müssen auch unseren, von Ostasien so verschiedenen westlichen Religions-, Kultur- und Wirtschaftskreis in eine vergleichende Betrachtung einbeziehen, und letzteren ebenfalls auf den Prüfstand stellen. Im „asiatischen Spiegel“ können wir eigene Fehlentwicklungen bei uns viel besser erkennen, notwendige Gegensteuerungen einleiten und durchsetzen – und dann draußen um so erfolgreicher agieren.

Eine solche „Doppelstrategie“ gegenüber Ostasien sollte sich also zwei Ziele setzen:

(1) bessere Gesamterkenntnis der ostasiatischen Region mit darauf aufgebauten, speziellen Maßnahmenvorschlägen im Außenbereich und

(2) nachhaltige Kurskorrekturen im Innenbereich bei uns.

Beide Bereiche sind eng miteinander verzahnt zu sehen. Eine solche „Gesamtsicht“ bedeutet eine gewaltige Aufgabe, umfaßt ein ungeheures Arbeitsvolumen und geht über die Arbeitskraft eines Einzelnen weit hinaus. Eine interdisziplinäre Zusammenarbeit wäre vonnöten. Diese ist aber nicht einfach zu bewerkstelligen. Eine Aneinanderreihung einzelner Aufsätze, wie sie gelegentlich in einigen Sammelbänden versucht wird, bringt noch nicht allzuviel. Ein vereinigendes Band als durchgehender „roter Faden“ müßte hinzukommen.

Trotz dieser Schwierigkeiten möchte ich versuchen, einen bescheidenen, aber doch über die Gesamtproblematik gehenden Beitrag zu leisten. Die enge Klammer, die ich zwischen den unterschiedlichen Religionen und Kulturen sowie den darauf aufbauenden unterschiedlichen Gesellschafts- und Wirtschaftsstrukturen in Ostasien wie im Westen – als den beiden entscheidenden Gravitationszentren unserer Erde – ziehen möchte, soll das Leitmotiv meiner Arbeit sein. Diese Verklammerung ist so zu sehen, als wenn unterschiedliche Magnetpole alle Eisenteilchen in ihr spezifisches Feld einordnen. Dieses Bild gibt meine Grundüberzeugung wieder, wonach in Ostasien alles oder doch das Entscheidende anders als bei uns im Westen ausgerichtet ist, was natürlich auch umgekehrt für die Ostasiaten uns gegenüber gilt.

Damit ist die Präponderanz von jeweils unterschiedlichen religiös-geistigen Prägekräften für Gesellschaft und Wirtschaft bereits deutlich angesprochen. Vor diesen qualitativen Faktoren hat ein „reiner" Ökonom stets ein gewisses Horrorgefühl; er verbannt das Qualitative gerne in den intellektuellen „Hinterhof". Denn qualitative Gesichtspunkte lassen sich bekanntlich schwer greifen und erfassen.

Die Weltbank stellt hierzu nach einer großartigen rein-ökonomischen Gegenüberstellung der „neoklassischen" Wirtschaftspolitik im Westen mit der selektiv steuernden Technologie- und Industriepolitik in Ostasien zum Schluß etwas resignierend fest: „The experience of HPAEs (erfolgreiche ostasiatische Industrieländer, der Verfasser) broadens our understanding of the range of policies that contribute to rapid growth. It also teaches us that willingness to experiment and to adopt policies to changing circumstances is a key element in economic success. What we have not discovered fully is why the governments of these economies have been more willing and better able than others to experiment and adapt; answers go beyond economics to include the study of institutions and the related fields of politics, history and culture (was aber ganz entscheidend wäre, der Verfasser). Taking such large realities into account complicates rather than simplifies the task of development".[1]

Natürlich würde eine solch' umfassende Analyse die Arbeit nicht gerade einfacher machen, mit dieser Feststellung hat die Weltbank vollkommen recht. Nur wir können doch „außerökonomische" Faktoren nicht einfach beiseite lassen oder, wie es auf der letzten Seite der o. a. Weltbankstudie geschieht, nur kurz der Vollständigkeit halber erwähnen. Das genügt nicht, offenbart aber unser westliches Dilemma. Wir gehen fast immer nur vom quantitativ Erfaßbaren aus und unterstellen, daß sich das „Andere" schon irgendwie richten wird – oder auch nicht.

Unsere westliche „neo-klassische" Sicht vermag nicht recht zu erklären, warum einige Länder mit wirtschaftsfreundlichen Verhaltensweisen und entsprechenden Religionen vorankommen, während andere Länder, wie z. B. in Afrika, trotz ökonomischer „Vorteile" wie Rohstoffvorkommen etc., aber ohne entwickelten religiös-geistigen Hintergrund fast hoffnungslose Entwicklungsländer sind und z. T. für immer bleiben werden. Diese Feststellung über „Gut und Schlecht" in Hinblick auf

---

1 World Bank: The East Asian Miracle, Economic Growth and Public Policy, A World Bank Policy Research Report, Ort, 1993, Seite 367 f.

mögliche Wirtschaftsentwicklungen mag zwar hart klingen, sie ist aber leider bitterwahr. Man kann nur wenig daran ändern; denn man kann nicht von einem Tag zum anderen „wirtschaftsfreundliche" Verhaltensweisen heranbilden.

Ein kluger Amerikaner hat einmal den Satz geprägt, wonach es keine unterentwickelten Länder, sondern nur unterentwickelte Gehirne gibt. Ich möchte diesen richtigen Ausspruch dahingehend erweitern, daß der Unterschied zwischen entwickelten und unterentwickelten Ländern hauptsächlich darin begründet liegt, ob lang eingeübte wirtschaftsaufgeschlossene oder aber wirtschaftsabweisende Verhaltensweisen vorliegen. Der Westen und Ostasien gehören dem ersten, wirtschaftspositiven Verhaltenstyp an. Sie sind zwar in sich ganz unterschiedlich geprägt, aber als ebenbürtig anzusetzen. Deshalb ist auch das Gegenüber beider Regionen, und die Art und Weise, wie sie miteinander auskommen oder auch nicht, so interessant und spannend.

Aus diesem Beipiel ist unmittelbar ersichtlich, wie wichtig für vergleichende Betrachtungen die Einbeziehung „qualitativer Kräfte" ist. Diese steuern den Wirtschaftsprozeß ganz entscheidend mit. Allerdings ist es manchmal recht schwierig, dieser Faktoren „habhaft" zu werden, sie inbes. auf den Tisch zu legen, wenn es um den Nachweis importhemmender und damit um den Nachweis abweisender, den internationalen Handel verzerrender Strukturbarrieren, wie z. B. im Falle Japans, geht.

Man muß also tiefer ansetzen. Deshalb habe ich gewissermaßen den Spieß umgedreht und ganz nachdrücklich die unterschiedlichen religiös-geistigen Kräfte in den Vordergrund meiner Überlegungen gestellt, um zu einer verläßlicheren Ausgangs- und Beurteilungsbasis zu kommen.

Ich bringe bei meiner Analyse mit Handlungsvorschlägen das ein, was ich in jahrzehntelanger Beschäftigung mit diesem andersartigen Raum Ostasien erspürt, erkannt und in der Wirklichkeit manifestiert gefunden zu haben glaube. Die Aussagen sind über eine Reihe von Aufsätzen und Vorträgen immer wieder durchgearbeitet, wie Sauerteig durchknetet und in der Berufspraxis durch einige handelspolitische Fortschritte, aber auch Fehlschläge erhärtet worden. Das hat Arbeit und Freude zugleich gemacht und mein Leben ungemein bereichert.

Die vorgelegte Arbeit möchte ich als eine Art Vademecum weitergeben, das ich selber während der langen beruflichen Tagesarbeit „zwischen den Welten" gern als Stütze zur Hand gehabt hätte. Ob ich damit jedoch ein „Sesam öffne Dich" für die so fremde Welt Ostasiens gefunden habe, müssen Sie, lieber Leser, selbst beurteilen. Ich will Sie nicht unbedingt überreden, sich meine Ansichten zu eigen zu machen. Was ich mir jedoch wünsche, ist, daß Sie nachdenklicher werden und versuchen, weiterzudenken. Manches muß bei der weit ausgreifenden und schwierigen Materie sowieso offen bleiben und kann nicht abschließend beantwortet werden.

Mein Beitrag ist aus mehreren Gründen holzschnittartig kurz gehalten. Ich bin auf mehreren, anzusprechenden Gebieten kein Fachmann, kann also meine Auffassung dann nur als ein engagierter Laie wiedergeben. Meine Darstellungen und Vergleiche fallen zudem oft summarisch aus, weil ich mich nicht in Einzelheiten ergehen und damit nicht den Überblick verlieren wollte. Der „rote Faden“ sollte stets sichtbar bleiben. Die Aussagen sind außerdem partiell provozierend und halten sich nicht immer an orthodoxe Schulmeinungen der Ökonomie oder Politik. Wir leben heute aber in einer sich rasch verändernden Welt. Bewährte Theoreme oder Rezepte von gestern verlieren ihre Gültigkeit, wenn entscheidende Grundlagen oder bislang als selbstverständlich angenommene Verhaltensweisen entfallen. Ein Modell kann dann zwar nach wie vor in sich stimmig sein, aber was nutzt es, wenn die reale Welt anders reagiert.

Ich möchte Sie mit meinen Ausführungen aufrütteln und nicht durch besänftigende Ausführungen, auf die ich im Laufe der vielen dienstlichen Jahre verständlicherweise auch eingeübt war, in falscher Sicherheit wiegen.

Vielleicht haben dadurch meine Überlegungen in unserer vielbeschäftigten und (anscheinend?) informationsüberfluteten Zeit eine Chance, wirklich gelesen zu werden. Dem ganz eiligen Leser kann ich nur empfehlen, sich zuerst das Inhaltsverzeichnis, die sich anschließenden Thesen sowie gegen Schluß der Analyse das Kapitel 6 mit einer Gesamtsicht nebst Handlungsvorschlägen anzusehen.

Das für meine Arbeit gewählte Thema lehnt sich an den Titel eines kurz nach dem Zweiten Weltkrieg erschienenen Buches „Ostasien denkt anders“ von *Lily Abegg*, einer früheren FAZ-Korrespondentin, an.[2] Diese Analyse machte seinerzeit durch den mutigen Versuch, über die andersartige Denkwelt Ostasiens im Vergleich zum Westen einen weiten Bogen zu schlagen und sich nicht in Einzelheiten zu verlieren, Furore. Das faszinierte mich als jungen Doktoranden; eine Faszination, die bis heute angehalten hat.[3] Ich werde versuchen, den Abeggschen Ansatz zeitgmäß zu ergänzen und vor allem um das andersartige sozio-ökonomische Han-

---

2 Abegg, Lily: Ostasien denkt anders, Eine Analyse des westöstlichen Gegensatzes, München, überarbeitete Auflage 1970. Diese zusammenfassende Analyse ist heute nach bald 50 Jahren seit der Erstedition 1948 - wenn man vom Kapitel VII „Die antitechnische Sehnsucht“ absieht, das den neuen Entwicklungen in Ostasien angepaßt werden müßte - immer noch ein Standardwerk und sehr lesenswert. Darauf aufbauend: Böttcher, Siegfried: Die Japaner denken und handeln anders, Beilage zur Wochenzeitung das Parlament, B 19/81, Mai 1981.

3 Böttcher, Siegfried: Lebensverhältnisse in der japanischen Kleinindustrie, Bd. IX der Schriften des Instituts für Asienkunde, Hamburg, 1961. Bei dieser Arbeit stand der Verfasser nach Korrekturen bzw. Umrechnungen der Statistiken mit - im Vergleich zu westlichen Industrieländern - sehr hohen Einkommensdisparitäten zwischen Arbeitern in japanischen Klein-, Mittel- und Großbetrieben vor der Frage, ob und wie diese anderen Unterschiede aus dem anderen geschichtlichen und kulturellen Werdegang Japans erklärt werden können, sah sich also mit „qualitativen Faktoren“ zur Begründung konfrontiert. Auch nach weiteren 30 Jahren ist diese Dualität der Wirtschaft, die sich aber heute eher zu einer trilateralen Teilung: alte Konzerne, neue Großbetriebe und Klein- und Mittelbetriebe als Zulieferanten, erweitert hat, immer noch ein herausragendes Charakteristikum der japanischen Wirtschaft. Siehe dazu auch Ernst, Angelika; Laumer, Helmut: Struktur und Dynamik der mittelständischen Wirtschft in Japan, Mitteilungen des Instituts für Asienkunde, Hamburg 1989.

deln in Ostasien zu erweitern. Beide Bereiche, d. h. der andere Denk- und der andere Handlungsansatz sind dabei als große Einheit zu sehen,[4] sie sind untrennbar miteinander verbunden.

Die Herausforderung durch Ostasien wird trotz der erfreulich zunehmenden Ausrichtung nach Fernost in Deutschland immer noch nicht voll erfaßt. Diese Aufforderung ist im Grunde auch gegenüber dem gesamten Westen gegeben, sie kann also keineswegs nur aus deutscher Sicht heraus angegangen bzw. gelöst werden. Es müßte also letztlich zu westeuropäischen, zu westlichen Antworten darauf kommen. Darüber Aussagen zu treffen, übersteigt aber meine Möglichkeiten.

Ich werde mich deshalb weitgehend auf deutsche Beispiele abstützen und damit auf ein, wenn auch wichtiges pars pro toto beschränken. Ich bitte deshalb um Nachsicht, wenn die Überlegungen und Handlungsvorschläge recht „deutschlandlastig" ausfallen. In diesem Sinne ist auch der einschränkende Untertitel „Konsequenzen für Deutschland" zu verstehen. Wenn ich zudem die Personalpronomina „wir" und „uns" gebrauche, ist Deutschland gemeint. Ansonsten beziehe ich mich auf den Westen bzw. auf westliche Industrieländer.

Was Ostasien anbetrifft, werde ich mich – ebenfalls aus begrenzter Kenntnis und Urteilsfähigkeit – auf Japan, Taiwan, Republik China, mit Ausblicken auf die Volksrepublik China und auf die überaus einflußreichen Überseechinesen im südostasiatischen Umfeld, also auf einen weitgezogenen sino-japanischen Raum beschränken. Wenn die Kurzbezeichnung „drüben" gebraucht wird, ist dieses Ostasien gemeint.

Die nordamerikanische Region – die gewöhnlich als dritter Part der sog. Triade: USA, Westeuropa und Japan angesehen wird – sehe ich als Teil der westlichen Kultur- und Wirtschaftswelt an, habe also eine Umgruppierung vorgenommen. Ich gehe von einer Gesamtheit Westeuropas und Nordamerikas (mit vielen Unterschieden im einzelnen)[5] gegenüber Ostasien (ebenfalls mit vielen Differenzierungen)[6] aus.

---

4 Der westliche kausale Denkansatz, d. h. Ursache erzeugt Wirkung, steht einem Kreis- oder Umzingelungsdenken in Ostasien gegenüber. Die erste Methode kann zwar schnell Ergebnisse bringen, entspricht jedoch im Grunde nicht der „Realität", ist sozusagen „fiktiv" und im Zeitalter des modernen Indeterminiertheitsdenken, wonach alles Ursache und Wirkung gleichzeitig sein kann, an sich überholt oder zumindest als einseitig erkannt. Das asiatische Umzingelungsdenken braucht für ein Problem hingegen mehr Zeit, ist weniger präzis, aber umfassender sowohl in der Aussage wie auch im Handeln. Siehe dazu auch: Capra, Fritjof: Das Tao der Physik, Bern u. a. 1984.

5 Man denke hier nur an die großen Unterschiede zwischen der deutschen und französischen Wirtschaftspolitik. Seit Colberts Zeiten ist man in Frankreich daran gewöhnt, zu intervenieren. Der große französische Liberale Raymond Aron hat einmal treffend gesagt, wenn in Frankreich ein Problem auftauche, denke man sofort daran, von Regierungsseite einzugreifen und wenig den Marktkräften zu überlassen, was im Gegensatz zu Deutschland steht. Trotz dieser historisch gewachsenen Unterschiede sind sich aber die deutsche und französische Wirtschaft und Wirtschaftspolitik immer näher gekommen, sie wachsen immer mehr zusammen, im westlichen Rahmen.

Zu dem bisherigen „Triadeland Japan" ist zusehends eine „vierte" Region: chinesischer Kultur- und Wirtschaftsraum hinzugekommen. Diese Region wird im 21. Jahrhundert die Führungsrolle in Ostasien, auch im Verhältnis zum Westen, übernehmen.

Es versteht sich fast von selbst, daß bei den kommenden Werte- und Strukturanalysen aktuelle wirtschaftliche Datenangaben in den Hintergrund treten müssen. Derartige Fakten oder Statistiken können besser der jeweiligen Tagesberichterstattung entnommen werden. Ferner habe ich mich (wenn auch angesichts der weitgespannten Aufgabenstellung nicht sehr erfolgreich) darum bemüht, Literaturangaben nicht überborden zu lassen.

Meine Arbeit ist nur bedingt als wissenschaftliche Abhandlung oder Auseinandersetzung intendiert, sondern eher, wie oben bereits angedeutet, als ein Erfahrungs-, Erkenntnis- und Beurteilungsbericht anzusehen. Ich schreibe auch nicht in erster Linie für den kleinen Kreis sog. Fachleute, sondern für an Ostasien und an unserem Platz in der Welt interessierte Mitmenschen. Ich würde mich besonders freuen, wenn die Ausführungen von Wirtschaftspraktikern, aber auch von Ministerial- und Verbandsvertretern, von „negativ aufgeladenen" Journalisten, von manchmal noch zu selbstgewissen Kirchenleuten, vielleicht aber auch von manchem Politiker gelesen würden.

Ich bin froh darüber, daß ich für die drei zu behandelnden Vergleichsbereiche:

(1) religiös-geistige Grundlagen,

(2) Wirtschaftsstrukturen und -politiken,

(3) unternehmerischer wie gewerkschaftlicher Bereich

jeweils auf vorhandene eigenständige und positive Ansätze bei uns hinweisen kann. Diese Ansätze müssen wir allerdings nutzen, pflegen und ausbauen. Dann haben wir keinen Grund, Pessimismus zur Schau zu tragen!

Die Lektüre der vorgelegten Arbeit könnte bei Neulingen den, bei einem ersten Aufenthalt in Ostasien beinahe zwangsläufig einsetzenden „Kulturschock" mildern helfen. In diesem Zusammenhang sei an die mahnenden Worte des ersten Generalvisitators der Jesuiten in Japan Anfang des 17. Jahrhunderts erinnert. Dieser äußerte angesichts der ihn überwältigenden fremden Welt in Japan, man müsse zunächst ein paar Jahre nur beobachten und stumm bleiben, um sich nicht zu dummen und falschen Aussagen verleiten zu lassen.

Dieses Wort gilt, so sehr Sie das erstaunen mag, im großen und ganzen auch heute noch. Mit diesen Aussagen möchte ich Sie, lieber Leser, jedoch keineswegs

---

[6] In Ostasien stehen sich Japan und Südkorea mit ihren Großkonzernen sehr viel näher als das mittelständisch strukturierte Taiwan. Zu den Unterschieden zwischen Südkorea und Taiwan vgl.: Lau, Lawrence J.: Models of Development, A Comparative Study of Economic Growth in South Korea and Taiwan, San Franscisco 1986. Trotz dieser Unterschiede gibt es natürlich viele Gemeinsamkeiten zwischen beiden Ländern, wie z. B. gewachsene hierarchische und Netzwerkbeziehungen, im asiatischen Kontext.

von der fremden Region abschrecken, im Gegenteil. Ich möchte Sie neugierig und wißbegierig machen. Ostasien lohnt sich in jeder Hinsicht; es ist unsere „Gegenwelt". Die Beschäftigung damit ist ein „ Augenöffner" , führt zur besseren Selbsterkenntnis und zu einem überlegteren Handeln im Alltag, bei uns zu Hause wie draußen in der Welt.

Ich werde mich schließlich bemühen, nicht bei den kulturellen Bezügen, bei den angestrebten großen Sachzusammenhängen steckenzubleiben, sondern immer wieder ganz konkret Handlungsbedarf für den Alltag aufzuzeigen. Nichts hat mich nämlich in meiner jahrelangen beruflichen Praxis mehr frustriert, als wenn in Berichten über Ostasien (oder über andere Teile der Welt) nach langen ermüdenden „Problemdarstellungen" zum Schluß kaum Handlungsvorschläge herauskamen. Um so mehr hat es mich gefreut, wenn ich gegenteilige Abhandlungen, die es auch gab und gibt, lesen und verwerten konnte.

Mein „interdisziplinäres Abenteuer" beginne ich mit dem Mut eines engagierten Laien, denn ich bin primär Volkswirt, allerdings mit einem starken soziologischen und theologischen Interesse, einer steten Neugier für fremde Entwicklungen sowie einer jahrzehntelangen Erfahrung im Bundesministerialdienst. Dort habe ich abzuschätzen gelernt, was international machbar ist oder nicht und was westliches Wunschdenken ist.

Zum Abschluß der Einführung möchte ich zwei Aussagen prominenter Chinesen wiedergeben:

(1) „Alle Menschen sind gleich, nur ihre Gewohnheiten sind verschieden" (*Konfuzius*),

(2) „Die Unterschiede zwischen den Völkern liegen in den Formen des sozialen Zusammenlebens. Dies einsehen, heißt eine Grundlage zu vernünftiger Kritik zwischen den Völkern schaffen". (*Lin Yutang*)[7]

Dem habe ich nichts hinzuzufügen. Das soll meine Arbeitsgrundlage sein.

---

[7] Yutang, Lin: Mein Land und mein Volk, Stuttgart, ohne Jahresangabe.

A. Unterschiedliche Religions- und Kultursysteme prägen unterschiedliche Gesellschafts- und Wirtschaftssysteme im Westen und in Ostasien

I. Fehlende Gesamtsicht zwischen beiden Regionen führt zu gravierenden Fehleinschätzungen

1. Im Überblick

Bevor die Religions- und Kulturbezogenheit unterschiedlicher Gesellschafts- und Wirtschaftsstrukturen in beiden Regionen detaillierter dargelegt wird, möchte ich eingangs das Fehlen einer „Gesamtsicht" über Ostasien noch weiter belegen.

Diese Lücke ist, wie oben bereits angedeutet, auf ein noch weithin fehlendes interdisziplinäres Vorgehen und auf eine „gesamtheitliche Unkenntnis der unsrigen über die andere Welt drüben" zurückzuführen.

Orientalisten in Deutschland (weitaus besser ist die Situation in angelsächsischen Ländern) haben zumeist nur gelernt, auf Sprachen und Kulturen in Fernost einzugehen. Eine fachliche Optik zur Beurteilung moderner sozio-ökonomischer Entwicklungen drüben steht ihnen in der Regel nicht zur Verfügung. Sie können deshalb kaum weiterhelfen.

Ökonomen hingegen verstehen zwar viel von internationalen Wirtschaftsabläufen, meistens aber wenig von kulturellen und geschichtlichen Strukturen und Hintergründen. Der kulturelle Einfluß wird deshalb häufig vernachlässigt oder beiseite geschoben bzw. als Restvarianz behandelt. So wird dann Japan als modernes Industrieland „folgerichtig" dem westlichen Lager zugerechnet, was oberflächlich und bequem, politisch manchmal auch ratsam, dem anderen Gesellschafts- und Wirtschaftssystem nach aber falsch ist. Man projiziert aus Unkenntnis ein so fernes Land, eine „terra incognita", trotz anderer Grundlagen und Strukturen einfach auf den Weg zu unserer westlichen Entwicklung, mit einer Zeitverschiebung versteht sich. Oder man unterstellt eine Tendenz zu einer, wie auch immer gearteten, diffusen und uniformen Weltwirtschaftsentwicklung. Konvergenz ist ein beliebtes, aber irreführendes Stichwort.

Journalisten bewegen sich schließlich, schon aus dem Zwang zur Aktualität, oft nur an der Oberfläche. Bezeichnend für diese Unsicherheiten sind dann Überschriften mit einem modischen, aber unverbindlichen und nicht weiterführenden Fragezeichen. Häufig werden – immer auf der Jagd nach Neuem – einige neue Ansätze überbewertet und damit falsche Erwartungen erweckt.

Damit sollen Teilberichte über die andere Region keineswegs abqualifiziert werden, sie können durchaus nützlich sein. Sie müssen aber in einen Gesamtzusammenhang gestellt werden.

2. Unzureichende Erklärungsansätze im einzelnen

Es ist schade, daß die z. T. großartigen, zeitlich aber doch zurückliegenden Einsichten deutscher geisteswissenschaftlicher Autoren in die ostasiatische Religions- und Kulturwelt und damit eine große Tradition nach dem Zweiten Weltkrieg abgebrochen zu sein scheinen. Diese Arbeiten wiesen zwar zumeist nur wenig Verbindung zur modernen Gesellschafts- und Wirtschaftsentwicklung auf. Das war aber bis zum Zweiten Weltkrieg, als Japan wenig mehr als ein industrielles Schwellenland war und in seinem wirtschaftlichen Potential eher vernachlässigt werden konnte – von China ganz zu schweigen –, noch verständlich.

Heute aber, 50 Jahre nach dem Zweiten Weltkrieg, ist immer noch recht wenig aus deutschen Landen über Ostasien als Gesamtheit – im Vergleich zum Westen – und darüber, wie wir drinnen und draußen auf Ostasien reagieren müßten, zu hören und zu lesen.[1] Dies ist bedauerlich und beinahe schon „self-defeating", weil Deutschland als wichtiges Kultur- und Wirtschaftsland ein großes Interesse an übergreifenden Untersuchungen und Vergleichen haben sollte. Wir können uns doch nicht nur mit einer internen Nabelbeschau, allenfalls noch mit Europa befassen. Das ist zu provinziell und für unsere weitere Entwicklung gefährlich.

Dieses Manko ist um so mehr zu bedauern, weil bei uns Deutschen, als einem zwischen West- und Osteuropa angesiedelten Volk, gute Antennen auch zum Erkennen und Verstehen fernöstlicher Welten vorhanden sind. Diese Antennen müßten nur wieder ausgefahren, mit wirtschaftlichen Untersuchungen über die neuen Entwicklungen drüben erweitert und zu einem Ganzen mit Vorschlägen für ein fundiertes Vorgehen verbunden werden. Eine kürzliche, durchaus nützliche Übersicht über einzelne Erklärungsansätze zum Wirtschaftswunder in Ostasien faßt bezeichnenderweise nur die Meinungen angelsächsischer Autoren zusammen.[2] Das reicht nicht aus. Wir sollten uns nicht nur auf die Arbeit anderer stützen, wir müssen eigenes dazu beitragen. Der systematische Aufbau eines interdisziplinären Wissenspools über Ostasien in Deutschland ist bitter notwendig. Es ist zu hoffen, daß sich diese Einsicht mit der steigenden Bedeutung Deutschlands und der zunehmenden eigenen Identitätsfindung mehr durchsetzen wird.

---

1 Siehe u. a.: Maull, Hanns W. (Hrsg.): Japan und Europa: Getrennte Welten?, Frankfurt, New York 1993. Ferner Schneidewind, Dieter; Töpfer, Arnim (Hrsg.): Der asiatisch-pazifische Raum, Landsberg (Lech) 1991.

2 Klump, Rainer; Menkhoff, Lukas: Die Wirtschaftswunder in Ostasien, Eine Suche nach Erklärungen, Ifo-Studien, Zeitschrift für empirische Wirtschaftsforschung, Berlin-München, 1995.

Im angelsächsischem Raum sind hingegen eine Reihe von wichtigen Veröffentlichungen über Ostasien und die Stellung der USA im weltweiten Maßstab erschienen.[3] Diese enthalten informative, wenn auch zumeist pragmatisch und relativ flach angelegte Wirtschaftsvergleiche, die in der Regel den anderen geschichtlichen und kulturellen Komponenten in Ostasien zu wenig Beachtung schenken. Autoren wie *Samuel Huntington*,[4] *Ronald Dore*[5] oder *Gordon Redding*[6] stellen allerdings interkulturelle Bezüge auf, bringen Vergleiche zum Westen und partiell auch Hinweise für ein besseres wirtschaftliches Vorgehen, was erfreulich ist.

Aus Frankreich trägt eine Arbeit von *Michel Albert* einen treffenden Titel „Capitalisme contre capitalisme".[7] Nur stellt dieser Autor einem „angelsächsischen Kapitalismus" einen „rheinisch-schweizerischen Kapitalismus", der irgendwie mit dem japanischen Kapitalismus zusammenhängen soll, gegenüber. Sicherlich gibt es wichtige, aber letztlich doch wohl nur graduelle Unterschiede im Wirtschaftsverhalten zwischen angelsächsischen Ländern und beispielsweise Deutschland. Der prinzipielle, übergeordnete Unterschied ist jedoch zwischen dem Westen und Ostasien zu ziehen. Es ist schade, daß der Buchinhalt dem guten Titel nicht entspricht. Dem Autor fehlte die „Fernostsicht", was aber für viele westliche Veröffentlichungen symptomatisch ist. Wir im Westen kreisen noch viel zu sehr um unsere eigene Achse.

Von japanischer Seite ist sicherlich das bekannte Buch von *Ohmae Kenichi* über die Triade anzuführen, das jedoch mehr das Zusammenwachsen, nicht das Problem des Nebeneinanders und Gegeneinanders der Triadeländer thematisiert.[8] Als neuere Veröffentlichungen sind noch „Das Japan, das Nein sagen kann" sowie „Asien, das Nein sagen kann" zu erwähnen.[9] Die beiden letzten Schriften sind sehr japan- bzw. asienbezogen und als Abnabelung von Amerika zu verstehen, enthalten also statt eines Gesamtbeitrages nur Teilaspekte.

---

3 Siehe u. a.: Johnson, Chalmers: MITI and the Japanese Miracle, Tokyo 1982. Thurow, Lester: Kopf an Kopf, Wer siegt im Wirtschaftskrieg zwischen Europa, Japan und den USA?, Düsseldorf 1990. Porter, Michael E.: Nationale Wettbewerbsvorteile, Erfolgreich konkurrieren auf dem Weltmarkt, München 1991. Kennedy, Paul: In Vorbereitung auf das 21. Jahrhundert, Frankfurt 1993.

4 Huntington, Samuel P.: The Clash of Civilizations? in: Foreign Affairs, Summer 1993.

5 Dore, Ronald: Japanese capitalism, Anglo-Saxon capitalism, How will the Darwinian contest turn out?, in: Japanese multinationals, Strategies and management in the global kaisha, Edited by H. Nigel Campbell and Fred Burton, Routledge 1994.

6 Redding, Gordon: The idiom of Chinese Capitalism, Aufzeichnung ohne Quellenangabe 1994. Derselbe: The Spirit of Chinese Capitalism, Berlin 1993.

7 Albert, Michel: Kapitalismus contra Kapitalismus, Frankfurt, New York 1992.

8 Kenichi, Ohmae: Triade Power: The Coming Shape of Global Competition, New York 1985.

9 Akio, Morita: Das Japan, das Nein sagen kann, Tokyo 1993. Derselbe: Das Asien, das Nein sagen kann, Tokyo 1994.

Insgesamt ist also leider festzustellen, daß genügend Raum für Versuche zu einer Gesamtsicht zwischen West und Fernost verbleibt. Das ist die recht ernüchternde Ausgangslage.

3. Teil- und Fehlvorstellungen führen zu tragischen Folgen

Teil- oder Fehlvorstellungen über Ostasien haben in der Vergangenheit fast zwangsläufig tragische Fehleinschätzungen mit katastrophalen Auswirkungen zur Folge gehabt.

Der wohl folgenschwerste Irrtum war, daß Anfang des 17. Jahrhunderts der damalige Papst den von *Pater Ricci* und anderen katholischen Priestern versuchten Prozeß einer christlichen Missionierung Chinas über eine Akkulturation im konfuzianischen Gewande aus Herrschaftssucht abrupt stoppte.[10] Damit war der vielleicht einzig mögliche Weg einer Missionierung Chinas gescheitert. Bezeichnend für die Dummheit des Westens mußten bis nach dem Ersten Weltkrieg nach Fernost entsandte Priester immer noch eine Erklärung abgeben, daß sie nicht auf den Pfaden von Pater Ricci vorgehen würden. Eine solche Chance war aber längst vorbei und aussichtslos geworden.

Barbara Tuchmann hat andere Fehleinschätzungen des Westens einleuchtend beschrieben.[11] So gingen die in den 40er Jahren fehlgeschlagene China-Politik der USA und das in einem Desaster geendete Eingreifen der USA in Vietnam von westlichen, aber in Ostasien nicht anwendbaren (Demokratie-) Vorstellungen aus und mußten schon deshalb scheitern. Schöne, teure und geplatzte Seifenblasen!

Weitere Beispiele für wirtschaftlich falsche Ansätze – basierend auf falschen westlichen Ansichten über Ostasien – werden im gleichen Kapitel A, unter Abschnitt III. „Wirtschaftliche und wirtschaftspolitische Folgerungen aus dem anderen Wertezusammenhang“ dargestellt.

Auch in Zukunft ist der Westen in seinem Handeln gegenüber Ostasien keineswegs vor derart grundsätzlichen Fehlern gefeit. Das Dilemma und die tiefe Ratlosigkeit, wie dieser so ganz andersartigen Region beizukommen ist, sind weiterhin gegeben.

Diese Unsicherheit besteht in zweifacher Hinsicht:

(1) Wie sollen wir uns extern gegenüber dem erstarkten, eigene Überzeugungen und Strukturen immer mehr herausstellenden Ostasien verhalten? Wie können wir trotzdem mit Ostasien zusammenarbeiten?

---

10 Cronin, Vincent: Der Jesuit als Mandarin, Stuttgart 1955.

11 Tuchmann, Barbara: Die Torheit der Regierenden, Von Troja bis Vietnam, Frankfurt 1989. Dieselbe: Sand gegen den Wind, General Stilwell und die amerikanische Politik in China 1911-1945, Frankfurt 1990.

(2) Wie müssen wir im Westen intern unsere Grundlagen und Strukturen festigen, um gegenüber Ostasien bestehen zu können?

Unsere westlichen Vorstellungen über Ostasien sind, bei einem zunehmenden inneren Schwanken über die eigene Lage und erst recht über ostasiatische Positionen, immer noch im Hintergrund – das kann nicht oft genug betont werden – von Illusionen über eine anhaltende internationale Vorreiterrolle oder Prägekraft unserer westlichen Denk- und Verhaltenswelt vernebelt. Diese Nebelwand muß schleunigst durchbrochen werden, wobei wir beim Wettstreit der Kulturen unsere westlichen Vorzüge und offensichtlichen Leistungen keineswegs negieren oder nicht mehr herausstellen sollten.[12] Ganz im Gegenteil! Doch wir dürfen keine Extrapolationen westlicher Ideen auf Ostasien vornehmen wollen. Wir müssen uns vielmehr auf völlig andere religiös-geistige und wirtschaftliche Gravitationszentren einstellen. Das ist eine weitere ernüchternde Ausgangslage.

II. Religions- und Kulturbezogenheit von Werte- und Verhaltensstrukturen

Bei der folgenden Betrachtung soll im einzelnen dargelegt werden, daß sich heutige Werte- und Verhaltensstrukturen weitgehend von religiösen Glaubensinhalten oder von pragmatischen Lebensphilosophien, wie z. B. dem Konfuzianismus, ableiten.[13]

Natürlich ist der religiös-kulturelle „Oberbau" im Laufe des Säkularisierungsprozesses im Westen wie in Ostasien verändert worden, was zu sich wandelnden, sich abschwächenden Auswirkungen auf den Wirtschaftsalltag geführt hat. Wichtig ist jedoch, daß auch bei zunehmender Erosion der „Oberwerte" noch auf längere Zeit entscheidende Auswirkungen auf das tagtägliche Leben anhalten, wenn dies auch den handelnden Personen oft gar nicht mehr recht bewußt sein mag. Problematisch wird es erst dann, wenn derartige Orientierungs- und Prägekräfte aus Mangel an Substanz auslaufen, keine Impulse oder keinen Halt mehr geben. Wertestrukturen, nur „aus sich selbst heraus" oder aus der Vernunft, der Ratio abgeleitet, tragen auf die Dauer nicht mehr.[14] Der zunehmende Wertemangel und die damit

---

12 Huntington, a. a. O. Siehe auch: Weiss, Dieter: Entwicklung als Wettbewerb der Kulturen, in: Aus Politik und Zeitgeschichte, Beilage zur Wochenzeitung Das Parlament, B 29/95, 14. Juli 1995. Hermann-Pillath, Carsten: Kulturell geprägte Wirtschaftsdynamik und politischer Wandel in China, Beilage zum Parlament, B 52/93.

13 Es ist lange im Westen darüber gestritten worden, ob der Konfuzianismus als eine Religion oder als praktische Lebensphilosophie anzusehen ist. Im Rahmen der vorliegenden Untersuchung über eine jeweils nachhaltige Prägung von Verhaltensweisen im Westen und Fernost ist diese Frage jedoch unerheblich.

14 Zu diesem Problem führt Graf Dürckheim aus: „Die Lebensformeln des Westens sind an der Grenze ihrer Fruchtbarkeit angelangt. Der Rationalismus steht am Ende seiner Weis-

verbundene Orientierungslosigkeit im Westen heute dürften diese These zur Genüge unterstreichen. Aber auch die Suche nach neuen Verhaltensmustern in Japan[15] oder in Taiwan[16] ist dafür symptomatisch.

Um die Religions- und Wertegebundenheit im Westen wie in Ostasien weltweit einordnen zu können, sei auf *Hans Küng* verwiesen, der zwischen den drei wichtigsten Religionssystemen auf unserer Erde folgende Unterschiede herausgearbeitet hat:[17]

(1) Das erste religiöse Stromsystem umfaßt drei prophetische Religionen wie das Judentum, das Christentum und den Islam. Zwei davon, das Judentum und das West-Christentum, sind als wirtschaftsfreundlich einzustufen.

(2) Das zweite große Stromsystem ist indischen Ursprungs und mystischen Charakters. Es ist nicht als wirtschaftsförderlich (zumindest in Indien nicht) zu charakterisieren. Wichtige Wirtschaftsimpulse in Indien gehen zumeist

---

heit, und der Mensch ist einer inneren und äußeren Heillosigkeit ausgeliefert, wenn er keine neuen Wege der Wesensfindung und Sinngebung erschließt. Die verwandelnde und erlösende Kraft der Religion nimmt in dem Maße ab, als das Bildgefüge, in dem sie sich darstellt, und die Gottesvorstellung, die es trägt, der Verwurzelung im ursprünglichen Seinsbezug des Menschen verlustig gehen, weil sie rationalisiert weder der Kritik des Verstandes standhalten, noch die Sehnsucht nach letzter Geborgenheit stillen." Dürckheim, Karlfried Graf von: Hara, die Erdmitte des Menschen, Bern, 1975, Seite 7. Zum gleichen Problemkreis äußerte Prof. Yawata Yasusada, Sophia Universität, einmal gegenüber dem Verfasser, daß in Japan - im Gegensatz zum Westen - der Shinto, also der Weg der Götter, niemals mit dem Verstande analysiert, sondern nur vom Gefühl her akzeptiert worden sei. Das sind wie zwei verschiedene „Schubladen", die voneinander getrennt gehalten worden sind. Für Westler ist das schwer und - vielleicht erst nach großen Lebenserschütterungen - „begreifbar", für Asiaten jedoch unmittelbar einsichtig.

15 Ozawa, Ichiro: Blueprint for a new Japan, Kodansha International, Tokyo 1994, der darin u. a. die Notwendigkeit einer Internationalisierung Japans fordert (was „rational" richtig, aber in der Praxis schwer durchführbar ist.

16 K.T. Li, der wichtigste „Vater" der modernen taiwanesischen Wirtschaftsentwicklung hat sich schon vor Jahren für ein 6. Lebensprinzip der sozialen Verantwortung und Bindung des Einzelnen (zusätzlich zu den 5 Lebensprinzipien von Konfuzius - siehe dazu Quelle 12, unter C, III, 2 -, die aber für den Bestand eines modernen Staates nicht mehr ausreichen) eingesetzt. Er hatte klarsichtig dieses Manko im chinesischen Sozial- und Wirtschaftskosmos erkannt. Er fand jedoch wenig Resonanz, eher Widerspruch. Das propagierte 6. Lebensprinzip für Taiwan hat übrigens eine interessante Parallele in dem Gedanken von Erhard / Allemann über die Notwendigkeit einer sog. „formierten Gesellschaft" in Deutschland. Seit den 60er Jahren begann nämlich durch das Wirtschaftswunder die deutsche Gesellschaft in egoistische Interessengruppen auseinanderzufallen. Auch hier zeichnete sich ein Defizit ab. Der Erhardsche Appell hatte auch wenig Erfolg, fand wenig Resonanz, zum Schaden der deutschen Wirtschaft und Gesellschaft.

Siehe zur Wirtschaftsentwicklung Taiwans und ihrer Politikgestalter ferner: Pang, Chien-Kuo: The State and Economic Transformation, The Taiwan Case, New York, London 1992.

17 Küng, Hans; Ching, Julia: Christentum und Chinesische Religion, München 1988. Siehe auch: Sautter, Hermann: Ordnung, Moral und wirtschaftliche Entwicklung, Das Beipiel Taiwan, Ifo-Forschungsbericht 71, München 1990 und Gutheinz, Luis: China im Wandel, Das chinesische Denken im Umbruch seit dem 19. Jahrhundert, München 1985.

von Außenseitergruppen, d. h. nicht von ethnischen und hinduistischen Indern, aus.

(3) Das dritte große Stromsystem ist in Ostasien zu Hause und als Religion bzw. als Lebensphilosophie weisheitlichen Charakters zu kennzeichnen. Es hat sich zu einem wirtschaftsfreundlichen System entwickelt.

Die Stromsysteme (1) mit den Westkirchen, also den katholischen und protestantischen Kirchen, und (3) mit einer typisch asiatischen Mischung von Volksreligionen, Konfuzianismus, Taoismus und Buddhismus sollen im folgenden angesprochen werden.

Zum Stromsystem (1):

Deutsche Forscher wie *Max Weber*, *Werner Sombart* oder *Müller-Armack* haben über die religiösen Bezüge des westlichen Kapitalismus entscheidende Aussagen getroffen. Es soll hier nur auf die Webersche These von der protestantischen Ethik, d. h. der direkten Beziehung zwischen dem Erbsündenkonstrukt und der Motivation bei der Wertschöpfung im Wirtschaftsalltag, verwiesen werden. Derartige Zusammenhänge, vor Jahrzehnten formuliert, haben jedoch in den letzten Jahrzehnten sichtlich an Kraft verloren.

Es ist nämlich ein modernes Phänomen, daß die Wirtschaftsentwicklung in Deutschland während der letzten Jahrzehnte eher in katholischen Gebieten an Schubkraft gewonnen, dagegen in protestantischen Gegenden verloren hat, obwohl doch Weber seinerzeit von einem Antrieb durch den Katholizismus (wie übrigens auch durch den Konfuzianismus) wenig hielt. Es müssen heute wohl andere Beziehungsraster für positive wie auch negative Entwicklungen auszumachen sein. Darauf wird später noch eingegangen werden.

Zum Stromsystem (3):

Der Japanexperte *Erlinghagen* stellte zu den kulturellen Bezügen und Wirkungszusammenhängen einmal fest: „Sicherlich können geistesgeschichtliche Einflüsse, was den Nachweis ihrer Wirkungen betrifft, nicht mit den Resultaten naturwissenschaftlicher Experimente verglichen werden. Die Kausalzusammenhänge lassen sich nicht so klar und eindeutig bestimmen. Die sog. Stringenz des Beweises fehlt, man muß eher von Erweisen sprechen und es dem Mitdenkenden überlassen, sich schließlich sein eigenes Urteil zu bilden.“[18] So ist es in der Tat (was natürlich nicht nur für Japan, sondern generell gilt).

C. K. Chang meinte zu diesen Beziehungen in Ostasien, daß Beobachter aus dem Westen – geschult durch die religiösen Lehrgebäude der westchristlichen Kirchen und nicht zuletzt beeinflußt durch die seinerzeit bahnbrechenden Thesen von

[18] Erlinghagen, Helmut: Das Prinzip der Führung durch Examensauslese, in: Japan Info, Nr. 4, 1990.

Max Weber – auch im Fernen Osten nach vergleichbaren Konstruktionen gesucht haben.[19] Entsprechendes fanden sie am ehesten noch im Konfuzianismus, wenn überhaupt. Andere religiös-geistige Strömungen waren noch fremdartiger, noch diffuser, standen nicht so im Vordergrund, wurden nicht recht wahr- oder nicht für vollgenommen.

Davon ausgehend wird heute des öfteren recht summarisch von den sog. neo- oder meta-konfuzianischen Gesellschaften[20] als Basis und als gemeinsames „Markenzeichen" für den erfolgreichen Wirtschaftsaufbau im sino-japanischen Raum gesprochen – angefangen vom Vorreiter Japan über die vier kleinen Tiger, wie Südkorea, Taiwan, Hongkong und Singapur, jetzt aber auch die südchinesische Region bis hin zu den wirtschaftlich weitgehend von Auslandschinesen getragenen ASEAN-Ländern wie Malaysia, Thailand, Indonesien und ganz neuerdings Vietnam.

Mit der Bezeichnung „Meta-Konfuzianismus" sollen die Verhaltensweisen im Alltag – zur Unterscheidung von dem 1911 abgeschafften konfuzianischen Ritensystem – eingefangen werden. Letzteres ist, abgesehen von Geburtstagsfeiern für Konfuzius in Taiwan und seit kurzem auch wieder auf dem chinesischen Festland, nicht wieder aufgenommen worden. Ob und inwieweit jedoch ein Alltags-Konfuzianismus als einzige Motivationskraft anzusetzen ist, wird später (unter Kapitel B) zu erläutern sein. Hier soll zunächst der Hinweis genügen, daß auch andere geistig-religiöse Kräfte ganz entscheidend mitgewirkt haben.

III. Wirtschaftliche und wirtschaftspolitische Auswirkungen aus dem jeweils anderen Wertezusammenhang

In der Nachkriegszeit waren im Westen religiös-sozioökonomische Überlegungen lange Jahre nicht besonders modisch, nicht mehr recht gefragt. Alles huldigte einem flachen Wirtschaftsablaufdenken, auf westlicher Basis. Erfreulicherweise gewinnen neuerdings jedoch Fragen nach der geschichtlich-kulturellen Einbettung vom ökonomischen Denken und Handeln im Westen wieder an Bedeutung. Dies reicht von einer wieder diskutierten Wirtschaftsethik bis hin zu der Forderung nach Unternehmenskulturen.

---

19 Chang, C. K.: Religion in Chinese Society, A study of contemporary social functions of religion and some of their historical factors, Taipei 1994. Chang spricht bezeichnenderweise von einer „diffused religion" in China, d. h. von einer utilitaristisch angelegten Religion ohne organisierte Priesterschaft und ohne ein unabhängiges System ethischer Werte neben denen von weltlichen Institutionen, alles im Gegensatz zur „institutional religion" im Westen.

20 Weggel, Oskar: Perspektiven für die künftige Stellung pazifisch-asiatischer Industriekulturen in der Weltwirtschaft, in: Draguhn, Werner (Hrsg.): Neue Industriekulturen im pazifischen Asien, Hamburg 1993.

Dadurch könnten die in den letzten Jahrzehnten so einseitig gewordene ökonomische / ökonometrische Analyse und die punktuelle Betrachtung von Wirtschaftsabläufen wieder ein breiteres Fundament und mehr Realitätsbezogenheit erhalten. Der Mensch ist durchaus nicht nur ein homo oeconomicus oder homo rationalis, sondern in seiner Vielfalt und geschichtlichen Bezogenheit zu werten. *Alfred Bürgin* stellt hierzu mit Recht fest, „daß eine Wissenschaft, die das Bewußtsein ihrer Ursprünge und ihre Einbettung verliert, als Ganzes verloren sei. Sie rutsche dann ab in ein eher dürres Spezialistentum".[21]

Diese Feststellung gilt jedoch nicht nur für den westlichen Kultur- und Wirtschaftskreis, sondern ebenso für Ostasien, wo allerdings die andersartigen strukturellen Bezüge nie vergessen oder doch zumindest nicht so in den Hintergrund gedrängt worden sind wie bei uns.

Vom Westen immer noch nicht gebührend wahrgenommen, haben sich in den letzten Jahrzehnten in Ostasien von uns sehr unterschiedliche Kultur- und Wirtschaftskreise in den Vordergrund geschoben. Diese können durchaus als Alternativ- und Konkurrenzmodelle zur westlichen Gesellschaft und Ökonomie aufgefaßt werden.

1. Westliche Markttheoreme passen nicht recht auf Ostasien

Westliche Markttheoreme, die eigentlich nur Abstraktionen von Erfahrungen und Relationen in unserer westlichen Region darstellen, haben nie so recht auf Ostasien gepaßt. Deshalb sind auch entsprechende Diskussionen zwischen westlichen und z. B. japanischen Wissenschaftlern oder Experten oft so nichtssagend und frustrierend. Man spricht vermeintlich die gleiche Sprache (zumeist in englischen Termini) und redet aber doch häufig aneinander vorbei. Das kommt nicht nur durch Übersetzungsschwierigkeiten, ist auch keineswegs eher ein formales Problem wegen der im Fernen Osten bekanntlich nicht verbreiteten „Streit- und Diskussionskultur des Westens", sondern ist vor allem ein inhaltliches Problem. Andere Verhaltensweisen und andere Wirtschaftsabläufe, die dem westlichen Gegenüber oft nicht oder doch nur unzureichend bekannt sind, machen das Miteinander so schwierig. Man müßte jeweils den anderen Hintergrund des Gesprächspartners immer präsent haben und mitverwenden, gewissermaßen auf zwei verschiedenen Ebenen denken können, was nicht einfach ist.

Angesichts der großen Handelsungleichgewichte und Währungsverschiebungen ist z. B. bei internationalen Diskussionen oft hoffnungsvoll auf den zu erwartenden

---

21 Bürgin, Alfred: Zur Soziogenese der Politischen Ökonomie, Wirtschaftsgeschichtliche und Dogmenhistorische Betrachtungen, Marburg 1993. Es ist für die westliche Unkenntnis über die fernöstliche Welt bezeichnend, daß sich diese an sich ausgezeichnete Untersuchung nur auf europäische Beispiele über die Ursprünge der „westlichen Ökonomie" beschränkt. Die Analyse sollte um die andersartigen, fernöstlichen Ökonomien erweitert und damit weltweit aussagefähig und vergleichbar gemacht werden.

J-Kurveneffekt zum Ausgleich der Zahlungsbilanzen mit Japan hingewiesen worden.[22] Man wartete also nach Währungs- und Preisverschiebungen im Verhältnis zu Japan auf nachfolgende Mengeneffekte. Diese traten jedoch bekanntlich nicht ein. Sie hätten die Bereitschaft zum dynamischen Wechsel von Geschäftspartnern auch in Japan zur Voraussetzung gehabt. Diese Bereitschaft ist aber, im Vergleich zu westlichen Ländern, kaum ausgebildet Die in Japan weitgehend fixierten vertikalen Lieferbindungen zwischen Endherstellern und Komponentenzulieferanten – ähnliches gilt für die engen Beziehungen zwischen Produzenten und japanischen Groß- bzw. Kleinhändlern – blockierten einen solchen Prozeß. Der erwartete „westliche" Wirkungsmechanismus konnte sich nicht entfalten. Der japanische Endhersteller wechselt nicht so einfach den jahrelangen Zulieferer zugunsten eines Newcomers, wie im Westen. Für diesen „hierarchischen" Tatbestand ist also das obige westliche Theorem als Erklärungsmuster ungeeignet. Oder man hätte, frei nach Bert Brecht, die Realität in Japan nach dem „westlichen Plan" zu ändern versuchen müssen, was natürlich nicht machbar ist, aber von den USA z. B. für Autozubehörlieferungen nach Japan immer noch ohne große Ergebnisse angestrebt wird.

Ich möchte nun keineswegs so weit gehen, daß man jeweils Markt- oder andere Wirtschaftstheorien „westlicher" und „östlicher" Prägung unterscheiden und entwickeln sollte. Man muß sich aber sehr genau überlegen, welche rein wirtschaftlichen und welche „außer"-wirtschaftlichen Faktoren mitspielen und in die Beurteilung einbezogen werden müssen. Sonst bringen derartige Diskussionen nichts, außer vielleicht einer kurzfristigen politischen Beruhigung, der dann aber eine weitere, noch tiefere Enttäuschung folgt.

2. Das dualistische westliche Weltbild paßt nicht

Unser gewohntes dualistisches Weltbild von westlichen Marktwirtschaften gegenüber östlichen Zentralverwaltungswirtschaften ist spätestens nach der Implosion in Osteuropa völlig obsolet geworden. Es taugt nicht mehr zur Erklärung der weitaus differenzierteren Welt. Der immer wichtiger gewordene sino-japanische Wirtschaftsraum hatte sowieso nie in dieses simple westliche Erklärungsmuster hineingepaßt. Auch die manchmal für Japan in der Vergangenheit gebrauchte Bezeichnung eines, dem Westen angehängten „Aliuds" führte nicht viel weiter, weil damit kaum etwas erklärt war.

Der Westen muß endlich von der gefährlichen Illusion Abschied nehmen, wonach sich ein westlich konzipiertes Marktwirtschaftsmodell, möglichst noch verbunden mit einem westlich nachempfundenen Demokratieverständnis, weltweit

22 Der J-Kurven-Effekt geht davon aus, daß sich nach Währungsveränderungen auch die internationalen Warenströme anpassen und Handelsungleichgewichte vermindern oder sogar verschwinden.

durchsetzen würde und unsere Spielregeln demnächst überall gelten könnten. Das kann und wird mit Sicherheit nicht eintreten. Ein derartiges Modell hat in Ostasien keine Wurzeln und Wachstumsmöglichkeiten. Ein „Ende der Geschichte" mit einem sich weltweit ausbreitenden marktwirtschaflichen Misch-Masch, wie es *Francis Fukuyama* voreilig nach der Auflösung der Sowjetunion prophezeite,[23] hat sich sehr schnell als falsche Projektion westlicher Gedankengänge erwiesen. Wir müssen die drüben anders strukturierte und die sich anders entwickelnde Welt nicht nur oberflächlich konstatieren, sondern das „Ende des westlichen Primats" mit allen Konsequenzen begreifen und entsprechend handeln. Nur dann können beide Regionen besser miteinander auskommen und zusammenarbeiten.

3. Die Formel „Globalisierung" ist interpretationsbedürftig

In obigem Licht erscheint die heute so oft und beinahe schon formelhaft vorgebrachte These von der Globalisierung, vom weltweiten Zusammenwachsen doch recht vordergründig. Sicherlich haben die internationalen Vernetzungen vor allem im technischen und finanziellen, aber auch im güterwirtschaftlichen Bereich mit hartem Wettbewerb zugenommen. Sie werden auch weiter zunehmen. Dennoch bleiben die unterschiedlichen Prägekräfte, z. B. bei der internationalen Konkurrenz und bei interkulturellen Kooperationen, lebendig. Kräfte, die aus den Tiefen jahrhundertealter Entwicklungen kommen, verschwinden nicht von heute auf morgen. Im Gegenteil, sie sind auch heute noch hinter den Kulissen quicklebendig und gewinnen bei dem gewachsenen Selbstbewußtsein in Ostasien eher an Kraft.

Ich möchte zwar nicht so weit wie *Samuel Huntington* gehen, der für die Zukunft sogar von einem möglichen Zusammenprall der Kulturen, insb. zwischen der islamischen und konfuzianischen Welt einerseits und dem Westen andererseits spricht.[24] Aber die vorhandenen Unterschiede müssen doch in unser Kalkül einbezogen werden. *Ronald Dore* vergleicht den japanischen Kapitalismus mit dem sog. angelsächsischen Kapitalismus und stellt die beunruhigende Frage „How will the Darwinian contest turn out?"[25] *Gordon Redding* spricht von einem „Idiom of Chinese Capitalism" im Gegensatz zu westlichen Strukturen.[26] Wie weit man diesen, in die richtige Richtung gehenden Argumenten auch immer folgen will, die Kraft uralter, unterschiedlicher Werte- und Verhaltenssysteme für die dortige Gesellschaft und Wirtschaft ist und bleibt ein Faktum. Wenn man nach purer westlicher Ökonomie vorgeht, bleibt man trügerisch an der Oberfläche und wird letztlich scheitern.

---

23 Fukuyama, Francis: Das Ende der Geschichte, München 1992.

24 Huntington, a. a. O.

25 Dore, a. a. O.

26 Redding, a. a. O.

4. Konservativ-progressiv als Grundzug

Ich möchte noch einen weiteren Gedankengang hinzufügen. Bei den erfolgreichen Marktwirtschaften in Ostasien läßt sich – bei vielen Differenzierungen und Heterogenitäten drüben – ein gemeinsamer Grundzug feststellen. Sie sind konservativ-progressiv ausgerichtet. Einerseits halten sie an alten Verhaltensweisen als unverzichtbaren Wurzeln fest bzw. diese treiben erneut aus. Andererseits sind diese Länder gleichzeitig sehr aufgeschlossen gegenüber modernen technologischen Entwicklungen und Erfordernissen. Das ist kein Widerspruch in sich, sondern kennzeichnet ein sehr fruchtbares Spannungsverhältnis. Dieses scheint mir sogar das Erfolgsrezept für das 21. Jahrhundert zu sein.

In Deutschland vermag ich eine derart positive Grundeinstellung (natürlich mit anderen Inhalten als in Ostasien) nur im Süden des Landes und hier insbesondere in Bayern mit entsprechend guten wirtschaftlichen Ergebnissen festzustellen. Das scheint geradezu eine „moderne Fortsetzung" der Weberschen protestantischen Ethik zu sein. Beide Triebkräfte haben zwar eine religiöse Basis, weisen jedoch einen anderen Inhalt bzw. eine andere Mischung auf.

Wie bereits festgestellt, wird die künftige Entwicklung der Welt immer weniger von westlichen Einflüssen geprägt sein, sich immer weniger nach unseren Denk- und Verhaltensweisen ausrichten wollen oder können. Das hat weitreichende Konsequenzen. Die kürzliche Ablehnung einer Verurteilung der VR China durch die UN-Menschenrechtskommission ist ein solches Beispiel. Menschenrechte sind sowieso mehr eine westliche Kulturerrungenschaft als eine asiatische Tugend. Die Bundesregierung war deshalb bei dem Besuch des chinesischen Staatspräsidenten Jiang Zemin Mitte Juli 1995 in Deutschland und beim Besuch von Bundeskanzler Kohl im November 1995 in China gut beraten, die Menschenrechtsfrage nicht in den Vordergrund zu stellen, sondern mehr auf einen allmählichen Wandel durch wirtschaftliche Entwicklung und Handel sowie durch die langsame Etablierung eines Mittelstandes drüben zu setzen (s. dazu unter Ausblick, II). Das bedeutet keine Aufopferung unserer Ideale um des schnöden Mammons willen, sondern ist eine bessere Einsicht in das Machbare. Der tiefgehende Streit zwischen der VR China und den USA über die Copy-Right-Frage ist ein weiteres Beispiel. Hier klaffen große kulturelle Differenzen über die „Läßlichkeit" der Einhaltung von Copy-Right-Ansprüchen.[27]

---

[27] In Ostasien gilt in bezug auf die „Nachahmung" von Erfindungen, Patenten und Gebrauchsmustern seit altersher eine ganz andere Einstellung als im Westen. Während im Westen eine Erfindung einem Individuum zugerechnet wird, war die Nachahmung des Meisters durch den Lehrling bis zum Übertreffen des Originals keineswegs schlecht, eher eine Ehrung für den Meister. Also sollten sich westliche Wirtschaftsunternehmen eigentlich bei einem Patentklau „geehrt" fühlen, wenn damit nicht Millionen- bis Milliardenverluste für westliche Länder verbunden wären.

5. Deutschland muß in eine globale Rolle hineinwachsen

Gerade wir Deutsche sollten besonders aufmerksam sein, weil wir – abgesehen von einer guten Plazierung in Westeuropa – noch weit davon entfernt sind, als ein „global player“ oder als ein „global insider“ im Sinne weltweiter Produktionsstätten, weltweiter F&E-Aktivitäten und weltweiter Kooperationen gelten zu können. Wir beginnen doch erst – wenn auch zunehmend – über die bisherigen „Nur-Exporte“ hinauszuwachsen. Hier gilt es aufzupassen, damit wir aus Idealismus oder Blauäugigkeit, d. h. durch Extrapolation eigener gewohnter Verhaltensweisen auf Ostasien, nicht zu große Fehler machen.

Diese einschränkenden Überlegungen sprechen allerdings überhaupt nicht gegen, als notwendig und profitabel erachtete, internationale, interkulturelle Verbindungen, nur sollten diese mit einer klaren nationalen Zielsetzung und Einsicht in unterschiedliche Denkstrukturen und Machtverhältnisse eingegangen werden. Wir sollten nicht ohne Konzept – es gibt durchaus einige, nicht besonders überzeugende deutsche Beispiele auf Wirtschafts- und Regierungsebene dafür – in solche Kooperationen hineinstolpern.[28] Eine Zusammenarbeit „an sich“ bringt noch nichts,

[28] Die offensichtlich nicht durchdachten strategischen Allianzen vom Mercedes-Technologie-Konzern mit dem weitaus größeren Mitsubishi-Keiretsu oder die sich wandelnden Allianzen von Volkswagen mit Nissan und Toyota sind derartige, nicht überzeugende Beispiele.

Auf deutscher Regierungsebene gibt es zudem eine ganze Reihe von Kommissionen oder Besprechungsebenen, ohne daß diese größere Ergebnisse bei der Zusammenarbeit bewirkt hätten. Seit Anfang der 70er Jahre gibt es ein Abkommen über die Zusammenarbeit auf wissenschaftlich-technischer Ebene, zuständig auf deutscher Seite ist das Bundesministerium für Forschung und Technologie. Diese Absprache ist über einen Wissenschaftleraustausch, meist zugunsten Japans, nie hinausgekommen. Vor ein paar Jahren gab es auf deutscher Seite sogar Überlegungen, diese Zusammenarbeit wieder einzustellen. Seit den 70er Jahren gibt es auch regelmäßige Treffen zwischen dem Bundesministerium für Wirtschaft, Abteilung I und dem EPA (japanisches Planungsamt) zum Datenaustausch über die Konjunkturentwicklung. Ende der 80er Jahre wurde „ganz spontan“ ein neuer Gesprächskreis über deutsch-japanische Kooperation zwischen dem BMWi und dem japanischen MITI auf Staatssekretärsebene eingerichtet, ohne daß dieser zur Vertiefung der wirtschaftlichen Zusammenarbeit zwischen beiden Ländern viel beitragen konnte. Seit Anfang der 90er Jahre sind ein hochangesiedeltes Deutsch-Japanisches Dialogforum und ein, ebenfalls hochrangig besetzter Deutsch-Japanischer Kooperationsrat für Hochtechnologie und Umwelttechnik (DJR), hinzugekommen, ohne daß greifbare Ergebnisse bislang erzielt werden konnten. Im Forum hat man sich bislang über einen deutsch-japanischen Jugendaustausch verständigt, im DJR zeigt sich die japanische Seite nicht bereit, die Wirtschaft, die doch eigentlich die Kooperationen eingehen müßte, zu beteiligen. Die beiden Wirtschaftsminister treffen sich, außer bei internationalen Begegnungen, bilateral ziemlich regelmäßig einmal jährlich. Die beiden Außenminister haben sich demgegenüber oft jahrelang bilateral nicht besucht. Es bleibt abzuwarten, ob die von Außenminister Kinkel bei seinem Japanbesuch im Oktober 1995 vorgeschlagene „Revitalisierung“ der Beziehungen Erfolg haben wird. Wenn man ein Resumee ziehen will, besteht insgesamt doch wohl mehr Frust als Lust!

Eine kürzliche Veröffentlichung kommt deshalb auch zu der nicht sehr ermutigenden Aussage: „Die deutsch-japanischen Beziehungen besitzen nicht den Umfang, der ihnen in Anbetracht des regionalpolitischen und weltwirtschaftlichen Gewichts, der vergleichbaren historischen Erfahrungen und Positionen im internationalen Staatensystem, der wirtschaftlichen sondern nur Verlegenheit oder Verwunderung auf der anderen Seite darüber, wie wenig überlegt, wie wenig strategisch und wie wenig langfristig doch Westler vorgehen.

Zur Abwehr der bei zunehmendem Wettbewerb und wachsenden Handelsbilanzdefiziten gegenüber Japan aufkommenden protektionistischen Forderungen ist in Deutschland des öfteren argumentiert worden, daß sich beim wirtschaftlichen Wettbewerb Unternehmen und nicht Länder gegenüberstehen und sich unsere Unternehmen einfach zu bewähren haben. Eine solche Argumentation ist aber vordergründig und naiv, denn hinter den japanischen Unternehmen standen und stehen die anderen Wirtschaftsstrukturen und Wirtschaftspolitiken mit einem ausgeprägten Abstimmungs- und Konsensprofil, die den von uns oft herausgestellten und als wünschenswert angesehenen Unternehmerwettbewerb doch sehr relativieren oder mehr als Wunschtraum entlarven. Es besteht zwar kein Kampf der Länder gegeneinander, aber auch kein Wettkampf zwischen Unternehmen im westlichen Sinne, sondern eher ein Wettbewerb zwischen verschiedenen Systemen.

Diesem Tatbestand müssen wir Rechnung tragen. Die Welt mit ihren Problemen ist leider nicht so einfach: die Wirtschaft findet nicht nur in der Wirtschaft statt; weder bei uns, und erst recht nicht in Ostasien.

6. Internationalisten und Revisionisten

Eine weitere gravierende Fehleinschätzung Ostasiens durch partielle Fehlsichten war in den 80er Jahren der Streit zwischen den sog. Internationalisten und den sog. Revisionisten.

Die Internationalisten hofften darauf, daß Japan „nur" mit einer Zeitverzögerung in die westliche Entwicklung mit ihren bekannten Schwierigkeiten und Ausfallerscheinungen einmünden und dann die internationalen Handelsungleichgewichte und Handelsstreitigkeiten wie von selbst verschwinden würden. Das ist bekanntlich bis heute nicht eingetreten. Es war ein frommer westlicher Wunschglaube.

Bedeutung füreinander und der gemeinsamen Interessen und Werte zukommt. Es besteht ungenutztes Potential für Zusammenarbeit zwischen unseren Ländern". Siehe: Rohde, Miriam: Stand und Perspektiven des außenpolitischen Dialogs zwischen Deutschland und Japan, in: Japan, Wirtschaft, Politik, Gesellschaft, Institut für Asienkunde, Hamburg, Oktober 1995, Seite 482 ff.

Man muß sich jedoch fragen, ob es viel „ungenutztes Potential" für die Zusammenarbeit gibt, oder ob diese unbefriedigende Lage nicht im Grunde den sehr unterschiedlich gelagerten Verhaltensweisen, auch anderen Interessen und Zielen zuzurechnen ist.

Dieses frustrierende Ergebnis ließe sich durch eine ähnliche Auflistung der mannigfachen Gesprächskreise und Treffen zwischen der EU und Japan oder auch zwischen den USA und Japan komplettieren.

Dennoch müssen diese Gespräche fortgesetzt werden, um z. B. kleine Zugangsverbesserungen für unsere Wirtschaft drüben zu erreichen.

Die Revisionisten, besonders in den USA und Frankreich, aber auch *Konrad Seitz* in Deutschland wollten den unzureichenden Marktzugang in Japan aufgrund andersartiger Strukturen mit einer „Andersbehandlung", d. h. einer generellen Reziprozität, vergelten.[29] Damit hätten sie jedoch den materialiter sowieso schon angeschlagenen freien Welthandel nur weiter beschädigt; ganz abgesehen davon, daß Deutschland bei seiner sehr hohen Exportquote auf einen möglichst freien Welthandel angewiesen ist. Eine „lex japonica", d. h. eine generelle Reziprozitätsbehandlung Japans, ein quid pro quo, hätte reichlich Nachahmer gefunden und wäre wie ein Bumerang auf uns zurückgeflogen.

Beide Standpunkte, die der Internationalisten und die der Revisionisten, sind nun – und das ist so gefährlich verlockend – keineswegs völlig aus der Luft gegriffen. Sie bieten sich vermeintlich als ultima ratio an, sie sind jedoch keine wirklichen Lösungsansätze. Sie sind zu oberflächlich und ohne Kenntnis oder Berücksichtigung der unterschiedlichen Kulturen und Verhaltensweisen drüben angesetzt. Das könnte nur in Sackgassen enden. Erfreulicherweise ist es um beide Thesen heute stiller geworden. Sie könnten jedoch jederzeit bei „Bedarf" wieder fröhliche Urständ feiern.

Grotesk mutet es heute auch an, daß vor gar nicht so langer Zeit de Gaulle noch anmaßend einen ihn besuchenden japanischen Ministerpräsidenten als Transistorradioverkäufer abqualifizierte. Und das zu einem Zeitpunkt, als sich Japan schon anschickte, die veralteten tayloristischen Management- und Produktionsmethoden des Westens (die auf unserer analytischen Denkweise basierten) auf den Kehrichthaufen der Geschichte zu fegen und dem Westen mit einem (auf altgewohnter Gruppenarbeit fußendem) „neuen" Management das Fürchten zu lehren.

Heute bemühen sich zudem amerikanische Präsidenten als nicht besonders erfolgreiche Auto- bzw. Automobilkomponentenverkäufer in Japan, und westliche Manager streben eine bessere Führung ihrer Unternehmen à la Japon an. Es ist schon erstaunlich, welch' großer Wandel in relativ kurzer Zeit eingetreten ist. Positiv ist allemal, daß die westlichen Länder ihre anfängliche Abwehrhaltung aufgegeben haben und bereit sind, von Ostasien zu lernen. Dabei kann es sich nicht um Transfers tel quel handeln. Antworten müssen, wie zu zeigen sein wird, im eigenen Kulturkontext gefunden werden. Das ist durchaus möglich!

---

29 Die Reihe der sog. Revisionisten gruppierte sich um Wade, Robert: Governing the Market: Economic Theory and the Role of Government in East Asian industrialization, Princeton 1990, um Chalmers Johnson, a. a. O, und andere; siehe auch: Seitz, Konrad: Die japanisch-amerikanische Herausforderung, Deutschlands Hochtechnologie-Industrien kämpfen ums Überleben, Bonn 1990.

7. Die deutsche „reine Lehre“ bietet in Ostasien wenig Ansatzpunkte

Last but not least, auch die deutsche „reine Lehre“ von einer liberalen Ausgestaltung eines freien Welthandels bietet in Ostasien nur begrenzte Ansatzpunkte, weil z. B. in Japan eine derartige Denk- und Handlungsüberzeugung weder innerlich verankert ist noch praktiziert wird. Ähnliches gilt für den chinesischen Raum. Solche Appelle müssen deshalb drüben zumeist ins Leere gehen, wie sich bei deutsch-japanischen Treffen zur Genüge gezeigt hat.

Die japanische Wirtschaftspolitik ist – aus der Geschichte und Kultur heraus – pragmatisch auf die jeweilige Situation und nur auf Japan zugeschnitten, niemals jedoch grundsätzlich oder ideal überzeugt oder überhöht ausgerichtet. In Japan herrscht eine situative Politik vor, d. h. eine auf die jeweilige Situation und Japan zugeschnittene, aber weder liberaler gewordene noch sonstwie ausgerichtete Politik im westlichen Sinne. Auch in China ist man pragmatisch eingestellt. Ein Denken in grundsätzlicher Richtung, wie wir es in Deutschland bevorzugen, ist völlig unasiatisch.

Man kann die andere Situation in Ostasien nicht mit unseren „westlichen Denkschemata“, mit unseren Erfahrungen und Zielvorstellungen erfassen und erklären. Dann geht man an der Wirklichkeit vorbei, verliert an Terrain und Ansehen. Die Koordinatensysteme unterscheiden sich grundlegend. Eine solche Erkenntnis gehört zu einer seriösen Geschäftsgrundlage westlicher Regierungen und westlicher Unternehmen im Verhältnis zu Ostasien. Erst dann können sich überhaupt ein positives Miteinander, ein fruchtbarer Wirtschaftsaustausch und gedeihliche Kooperationen zum gegenseitigen Vorteil entwickeln.

Die Asiaten haben diese Unterschiede zu ihrem Nutzen wohl längst begriffen und bewußt oder unbewußt internalisiert. Sie sind pragmatischer veranlagt. Wir hingegen haben erheblichen Nachholbedarf. Dies vor allem auch deshalb, weil wir uns im Westen fast bis heute als „alles besserwissende Industrieländer“ fühlten und uns weitaus weniger als umgekehrt mit dem Fernen Osten befaßt haben als dieser mit uns. Erst langsam wachen wir auf. In gewisser Weise läßt sich unsere Situation mit der des „Reiches der Mitte“ im 19. Jahrhundert vergleichen, als sich dieses sehr zum eigenen Schaden verhängnisvolle Jahrzehnte lang immer noch als Mittelpunkt der Welt betrachtete, was es aber schon lange nicht mehr war. Japan hingegen, das jahrhundertelang von draußen Einflüsse übernommen und japanisiert hatte, war an diesen stetigen und strapaziösen Lernprozeß gewöhnt und konnte deshalb viel früher als erstes außereuropäisches Entwicklungsland vom Westen „importieren“, auf japanisch anpassen und an seinem einstigen ersten Lehrmeister China vorbeiziehen.

Es ist sehr zu wünschen, daß wir in Deutschland mit unserem vielverbreiteten „Not invented here“-Syndrom und der damit verbundenen Lernunwilligkeit aus Bequemlichkeit oder aus fehlendem Wagemut nicht etwa das alte Rollenverständnis Chinas nachahmen. Die seit Anfang der 90er Jahre überproportional steigende

Zunahme des deutschen Außenhandels nach Ostasien ist aber schon als eine sehr positive Tendenz zu werten und berechtigt zu der Hoffnung, daß wir die Lektion schneller als erwartet zu lernen beginnen.

IV. „Durchgängige“ Alternativmodelle in Ostasien werfen internationale Probleme auf

Aus den bisherigen Ausführungen folgt, daß Ostasien „durchgehend“, d. h. von den anderen Religionen und Wertestrukturen bis hin zu einem anderen Wirtschaftsverhalten, Alternativ- und Konkurrenzmodelle zum Westen aufweist.

These 1: Ostasiatische Alternativmodelle in drei Bereichen:
1. bei der religiös-geistigen Basis,
2. bei den Wirtschaftsstrukturen und -politiken
3. beim Arbeitgeber- und Arbeitnehmerverhältnis.

Im folgenden sollen diese Gegensätze anhand der in These 1 aufgeführten drei Bereiche und die daraus folgenden internationalen Probleme in den Kapiteln B bis F detaillierter beschrieben werden.

B. Harte Konkurrenz zwischen unterschiedlichen Religions- und Wertesystemen in beiden Regionen

I. Andere, universistische Wertesysteme in Ostasien als Prägekräfte

1. Sogenannter Meta-Konfuzianismus – nur eine Teilerklärung

Sicherlich sind disziplinierende Auswirkungen vom Konfuzianismus auf ein „rationales" Alltagsverhalten im sino-japanischen Raum nicht von der Hand zu weisen. Dieses „rationale" Verhalten ist allerdings nicht im westlichen Sinne auf Ego-Basis mißzuverstehen, sondern basiert auf dem Wir, auf dem Familien- oder Gruppenzusammenhang.

Der Konfuzianismus hat in dieser Region auch heute noch einen hohen Stellenwert. Und doch sind bei dem Versuch einer monokausalen Erklärung und einer plakativen Bezeichnung der ostasiatischen Erfolgsmodelle als sog. „metakonfuzianische Gesellschaften" ganz erhebliche Zweifel anzumelden.[1]

Dann müßte in letzter Zeit beim Meta-Konfuzianismus „aus sich selbst heraus" ein Paradigmenwechsel zum Positiven, zu sehr viel mehr pragmatischer Aufgeschlossenheit hin stattgefunden haben. Paradigmenwechsel haben zwar in großen Notsituationen eine Chance bzw. nehmen erst dann ihren Anfang. Dem Konfuzianismus wurden aber noch in jüngerer Zeit wegen seiner offensichtlich lähmenden Orthopraxie der wirtschaftliche und politische Rückstand auf dem Festland angelastet. Und das wohl zu Recht. Das Festland China hatte nämlich nicht – ganz im Gegensatz zum vorwärtsstürmenden, nach neo-konfuzianischer Lesart aber ebenfalls als „konfuzianisch" einzustufenden Japan – jahrzehntelang nicht die notwendige Modernisierung schaffen, also trotz angeblich gleicher Grundlagen nicht auch den „japanischen" Weg gehen können. Irgendwelche anderen Kräfte müssen doch für diesen so eklatanten Unterschied „verantwortlich" sein.

Der erstarrte chinesische Staats-Konfuzianismus kann sich doch nicht so ohne weiteres in einen belebenden, motivierenden Meta-Konfuzianismus verwandelt haben? Selbst wenn man nach der katastrophalen Niederlage der Kuomintang auf dem Festland eine Katharsis in Taiwan ansetzt und den zeitweiligen Sieg des Marxismus / Maoismus über die alten Kräfte auf dem Festland in Rechnung stellt, erscheint doch die Unterstellung einer Renaissance durch den Konfuzianismus allein eine zu einseitige These.

---

1 Weggel, a. a. O.

Mich mutet eine monokausale Kennzeichnung wie die des „Meta-Konfuzianismus" ähnlich verwirrend und wenig aussagekräftig an, als wenn wir z. B. in Westeuropa und in Rußland nur von dem gemeinsamen christlichen Hintergrund ausgingen – der ja in der Tat nicht geleugnet werden kann -, aber dabei völlig außer Acht ließen, daß sich die Westkirchen ganz anders als die orthodoxen Ostkirchen entwickelt haben. Erstere haben deswegen auch völlig andere sozio-ökonomische „Konsequenzen" gezeitigt, als dies bei den orthodoxen Ostkirchen in Osteuropa der Fall sein konnte.[2] Zwar hat man von der Annahme und auch Ausübung eines Christentums in beiden Teilen Europas auszugehen. Aber außer wenigen gemeinsamen theologischen „Obersätzen" ist doch die Aus- und Umgestaltung des Christentums, sind doch die Auswirkungen für den Alltag sehr weit voneinander entfernt.

So hat es in Rußland immer nur „einen Strang" von oben nach unten gegeben. Die vielen „Freiheitsgrade", z. B. der anhaltende Machtkampf zwischen Papst und Kaisertum wie in Westeuropa waren nicht gegeben. Es war vielmehr alles „einheitlich" ausgerichtet. Die russisch-orthodoxe Kirche hat deshalb bis heute keine Wirtschafts- und Sozialethik und damit einen Zugang zum modernen Wirtschaftsleben entwickelt. Sie hat keine Innovationskräfte hervorgebracht oder stützen können. Wirtschaftliche Impulse in Rußland sind, abgesehen von dem durch den kommunistischen Umsturz ausgelösten, aber nach siebzig Jahren in einer erneuten Erstarrung geendeten Versuch, von Gruppen außerhalb der ethnischen und orthodoxgläubigen Russen ausgegangen. Woher soll dann heute eine endogene wirtschaftliche Motivation kommen, wenn man einmal von den Mafiosi absieht ? Insofern ging der Rat amerikanischer Berater, nur alles zu liberalisieren, alle Regulierungen abzuschaffen, dann werde sich die Marktwirtschaft schon entfalten, nur von westlichen Prämissen aus. Für Rußland war dieser lapidare Rat jedoch falsch und sehr gefährlich.

Doch zurück zu Ostasien. Auch dort sind – mutatis mutandi – ganz gravierende Unterschiede bei „dem" Konfuzianismus festzustellen. „Der" Konfuzianismus ist allerdings wesentlich wirtschaftsfreundlicher als die russische Orthopraxie einzustufen.[3] Man muß aber auch im sino-japanischen Raum erheblich differenzieren.

---

2 Müller-Armack, Alfred: Zur Religionssoziologie des europäischen Ostens, in: Weltwirtschaftliches Archiv, 1945, Seite 162 ff. Buss, Andreas: Die Wirtschaftsethik des russisch-orthodoxen Christentums, Heidelberg 1989. Zum Vergleich Rußland und China siehe auch: Böttcher, Siegfried: Wirtschaftsentwicklung und Motivation in Fernost und Fernwest, Orientierungen zur Wirtschafts- und Gesellschaftspolitik, Ludwig-Erhard-Stiftung, Bd. 44, Juni 1990.

3 Wie unterschiedlich die Wirtschaftsmentalitäten zwischen Rußland und China anzusetzen sind, geht schon aus folgendem Vergleich hervor. Es gibt ca. 50 Mio erfolgreicher Auslandschinesen (einschl. Taiwan), die insb. in Südostasien die Wirtschaftsentwicklung steuern. Wenn z. B. in Indonesien, Thailand oder Malaysia ausländischen Delegationen erfolgreiche „einheimische" Wirtschaftler präsentiert werden, so kann man davon ausgehen, daß von zehn Wirtschaftsbossen etwa acht bis neun chinesischer Herkunft sind. Hinzu kommen noch die vielen erfolgreichen China-Restaurantbesitzer in der ganzen Welt. Demgegenüber sind kaum

Der Konfuzianismus hat nämlich die ostasiatischen Länder mit sehr unterschiedlicher Auslegung, mit sehr unterschiedlicher Intensität und Prägewirkung – jeweils in Kombination mit anderen religiösen Strömungen – beeinflußt. Diese entscheidenden Unterschiede würden aber mit einer monokausalen Bezeichnung wie die eines Meta-Konfuzianismus nur zugedeckt, jedoch nicht aufgedeckt.

Sparsamkeit, lebenslanges Lernenwollen, Eingebundensein und Verpflichtetsein gegenüber der Familie etc. sind sicherlich im sino-japanischen Raum als gemeinsame konfuzianische Tugenden auszumachen. Es scheint mir aber, daß dadurch – wenn dieses Bild gestattet ist – gewissermaßen nur das Flußufer gegenüber den eruptiven menschlichen Kräften befestigt werden sollte und konnte. Damit war sozusagen eine Art statischer Sicherung erreicht oder zumindest angestrebt, mehr aber wohl nicht.

Die eigentliche, in den einzelnen Ländern stark voneinander abweichende Dynamik, die die Gesellschaft und Wirtschaft jeweils vorwärts getrieben hat, sollte zusätzlich anderswo gesucht werden. Vielleicht sollte man, um alle religiös-geistigen Prägekräfte besser zu erfassen, einen alten Sammelbegriff für ostasiatische Religionen verwenden und eher von „universistischen Gesellschaften" im Fernen Osten sprechen, um die zu einseitige Bezeichnung „meta-konfuzianische Gesellschaften" als Oberbegriff zu ersetzen. Unter den ersten Oberbegriff könnten dann unterschiedliche Wirkungskräfte durchaus subsumiert werden.

Die unterschiedlichen religiös-geistigen Mischungen und damit die große Heterogenität im sino-japanischen Raum sollen jetzt anhand von Japan und Taiwan beispielhaft aufgezeigt werden.

2. Shinto als entscheidende Grundlage für Japan

In Japan hat der Konfuzianismus seit seiner Einführung im 4. Jahrhundert eine wichtige Einjapanisierung und Umdeutung erfahren. Ein wesentlicher Unterschied ist – neben anderen Differenzierungen wie der Ablehnung chinesischer Riten (Li) und Nichtübernahme weiterer chinesischer Regelungen – insbesondere die andere Auslegung der Loyalität. Während der chinesische Konfuzianismus ein Aufbegehren gegen einen Herrscher, der sichtlich das Mandat des Himmels verloren hatte, bejahte (Umstürze und Auslöschungen von Dynasien kamen bekanntlich des öfteren in der chinesischen Geschichte vor), ist dieses wichtige Prinzip in Japan in eine unbedingte Loyalität gegenüber dem obersten Lehnsherrn umgewertet worden. Damit paßte es in den japanischen Wertekosmos hinein.

Helmut Erlinghagen stellt hierzu fest: „Die beiden konfuzianischen Tugenden „Ko" und „Chu" wurden in Japan in eins zusammengefaßt. „Ko", die Kindesliebe, die Ehrfurcht vor seinen Eltern wurde zusammen gesehen mit „Chu", der Treue

---

erfolgreiche Auslandsrussen auszumachen. Wenn diese als einzelne erfolgreich sind, wie z. B. Davidoff, handelte es sich um einen Russen jüdischer Herkunft.

des Vasallen gegenüber dem Herrn. Damit war ein großer Unterschied zu China gegeben, wo beide Tugenden scharf getrennt gehalten worden sind. Die Identifizierung beider Tugenden kann durchaus als Wesensbeschreibung des japanischen Selbstverständnisses – zumindest in der Vergangenheit – angesehen werden: der Tenno sollte das Haupt der japanischen Großfamilie und zugleich das Haupt des Staates sein. Heute ist diese Ideologie der Vorkriegszeit zwar nicht mehr lebendig, aber in den Köpfen vieler Parlamentarier spielen solche Gedanken immer noch oder immer wieder (wie die häufigen Skandale um japanische Politiker wegen der nach wie vor unbewältigten Vergangenheit grell beleuchten, der Verfasser) eine gewisse Rolle. Sicher kann man daraus auch einige Konsequenzen für die wirtschaftlichen Aktivitäten Japans ziehen. In Japan geht nichts ohne den Staat. Man handelt nicht gegen den Staat, heißt das für Japaner. Diese Auffassung läßt sich durchaus aus dem Shinto erklären, nur darf man dabei nicht vergessen, daß der Shinto spekulativ schwach ist, während der Konfuzianismus die o. a. geistige Grundhaltung geschaffen hat".[4]

Wenn man also maßgebliche Einflüsse vom Konfuzianismus auf Japan feststellen will, sollte man eher von einem japanischen als von einem originär chinesischen Konfuzianismus ausgehen. Die Kraft zu dieser Mischung, die Kraft zum Einschmelzen des Konfuzianismus ist vom Shinto und damit aus dem Glauben an die Einzigartigkeit des Japanertums gekommen. Das bedeutet eine große nationale Kraft nach innen, die aber nach außen als Botschaft für Nicht-Japaner kaum oder gar nicht zu vermitteln ist. Damit ist ein großes internes Kraftfeld, aber gleichzeitig die Begrenzung, einen „Japanese Way of Life" als Vorbild außerhalb Japans vermitteln zu können, angesprochen.

Der Shinto begreift die Welt als positiv in ihrer Substanz und ist damit sternenweit vom Erbsündenkonstrukt der Westkirchen entfernt. „Verunreinigungen" können durch einfache Reinigungsriten wieder behoben werden. Diese seit Beginn der Meiji-Restauration ganz bewußt wiederbelebte und bis zum 2. Weltkrieg künstlich hochstilisierte Grundkraft hat die Japaner befähigt, den Sprung in die Neuzeit zu wagen und zu schaffen.

Bezeichnenderweise lautete zu Beginn der Meiji-Restauration die japanische, vom Westen lange Zeit zu Unrecht belächelte Devise „Wakon Yosai", d. h. „japanischer Geist und westliche Technik". Für die anders geschulten Westler war es ein unmögliches Unterfangen, zwei so unterschiedliche Ebenen miteinander verbinden zu wollen. In Japan hat es sich aber längst „erwiesen", daß eine solche, für den Westen scheinbare Unvereinbarkeit bei ihnen ein gangbarer Weg gewesen ist. Andere Denk- und Gefühlswelten machen es eben möglich.

Nach Abschaffung des Staatsshinto im Jahr 1945 bieten heute der Volks- und Sektenshinto sowie die nach dem verlorenen Zweiten Weltkriege wie Pilze aus dem Boden gesprossenen „Neuen und neu-neuen Religionen" (es hat mehrere Wel-

---

4 Erlinghagen, a. a. O.

len derartiger Gründungen gegeben) eine religiös-geistige Grundlage und entsprechenden Rückhalt.[5] Wichtige Manager von japanischen Großunternehmen machen zudem jährliche Wallfahrten zum Schrein der Sonnengöttin Amaterasu in Ise als zentralem Ort für das Japan-Bewußtsein, um dort für das Wohlergehen ganz Japans und der Firmenangehörigen zu beten. Das ist so, als wenn ein bedeutender deutscher Unternehmer zu der (nicht mehr vorhandenen) Eiche von Widukind im Sachsenwald als deutsch-germanischem Naturheiligtum eine „Wallfahrt" unternehmen und für seine Firma und sein Land beten würde. Ganz typisch sind auch die zahlreichen Shinto-Schreine auf den Dächern japanischer Firmengebäude oder shintoistische Karriere-Jisos („Heilige"- oder Helfer-Skulpturen), die in japanischen Unternehmen aufgestellt sind. Die japanischen Kriegsverbrecher aus dem letzten Kriege sind schließlich längst im nationalen Yasukuni-Gedenkschrein als „kami", als „Gottheiten" aufgenommen worden. Jährlich erweist der japanische Premierminister diesem Schrein und damit auch den damaligen Führern, trotz gewisser Proteste der japanischen Presse, offiziös seine Referenz.

Das alles kennzeichnet das eifrige Bestreben, nur keinen Bruch in der nationalen Überzeugung, in der Identität aufkommen zu lassen. Dies ist vielleicht auch notwendig, weil die einzelnen Japaner, die ein Ego im westlichen Sinne nicht entwikkelt haben, bei einem Wegbrechen der Gruppen- und Nationalklammer doch sehr verloren wären.

Wenn das schillernde Wort der „Unfähigkeit zu trauern" überhaupt auf ein Volk zutrifft, dann wohl auf die Japaner, wobei man allerdings die andere Schuld- und Sühneauffassung in Japan und in der asiatischen Umgebung – Schuld ist nicht im westchristlichen Sinne zu verstehen – berücksichtigen muß. Die unterschiedlichsten Verrenkungen in Japan um eine „nichtaussprechbare" Schuldanerkenntnis für die japanischen Greueltaten[6] während des Zweiten Weltkrieges sprechen Bände und tragen nicht gerade zu einer Beruhigung in der ostasiatischen Region bei. Das unerledigte Kapitel der „Trostfrauen", d. h. der ausstehenden Wiedergutmachung für die asiatischen Zwangsprostituierten der japanischen Armee, gehört auch zu der immer noch nicht begonnenen, geschweige denn abgeschlossenen Vergangenheitsbewältigung.

In Japan treibt bis heute eine shintoisierte gruppen- und volksbezogene Ethik die Entwicklung im ansonsten durchaus konfuzianisch eingefärbten Familienrahmen voran. Japans Gesellschaft ist trotz gewisser Aufweichungs- und auch Auflö-

---

5 Japanese Religion, A Survey by the Agency for Cultural Affairs, Religion in Japan today, Reference Reading Series, Foreign Press Center, Tokyo 1992. Es gibt leider sehr wenig Veröffentlichungen über diesen außerordentlich interessanten Bereich. Ein ausgesprochener Experte, Wilhelm Schiffer SJ, hat leider nach seinem viel zu frühen Tode keinen Nachfolger für diese Aufgabe in der Sophia Universität in Tokyo gefunden.

6 Hitler, Stalin, Mao und die japanische Militärkaste sind für insgesamt ca. 80 Mio Opfer verantwortlich zu machen und somit als die größten Verbrecher des 20. Jahrhunderts zu bezeichnen.

sungstendenzen weiterhin als hierarchisch aufgebaut und diszipliniert zu kennzeichnen. Der Kern erscheint insgesamt noch gruppenintakt, zumindest intakter als viele, vordergründige Ego-Werte im Westen.

Die nationale Überzeugung in Japan reicht vom allgemeinen Ichiban-Gefühl, d. h. heute wirtschaftlich (nicht mehr militärisch wie in den 30er und 40er Jahren) an erster Stelle in der Welt stehen zu wollen, über die damit verbundene positive Annotation des „gambari masho", d. h. laßt uns schuften, bis hin zu den, die große Richtung angebenden und im breiten Konsensverfahren abgestimmten MITI-Visionen für jeweils die nächsten 10 Jahre. Japan ist auf diese Weise eine in sich ziemlich geschlossene Osmose- und Konsensgesellschaft geblieben, in die Newcomer nach wie vor nur schwer einzudringen vermögen.

Nur steter Tropfen, das berühmte „gaiatsu", d. h. der Druck von außen, trägt dazu bei, ganz langsam den Stein zu höhlen. Ohne „gaiatsu" bewegt sich nichts oder doch nur sehr wenig. Insofern hat sich die grundlegend abweisende japanische Verhaltensweise seit der „Öffnung" Japans durch die überlegenen „schwarzen" Schiffe (Eisenschiffe) des amerikanischen Admiral Perry bis heute nicht allzuviel geändert.

Strukturen und Verhaltensweisen sind sehr zählebig. Ohne ein solches „Grundmuster" könnte ein Volk auch gar nicht weiterleben – auch wir Deutschen nicht. Es kommt nur darauf an, welche neuen Variationen sich um ein Grundmuster im Laufe der Zeit ergeben. So bleibt abzuwarten, ob und inwieweit die kürzlichen politischen und wirtschaftlichen Turbulenzen in Japan nach dem Platzen der sog. „Luftblasenwirtschaft" (bubble economy) Anfang der 90er Jahre wirklich den Kern erreicht haben und zu gewissen Änderungen führen könnten. Vor voreiligen Extrapolationen in Richtung einer sich angeblich schnell vollziehenden Internationalisierung Japans sei jedenfalls gewarnt. Ähnliches gilt, wenn zumeist westliche Beobachter einen durchgehenden Werteverfall auch in Japan zu diagnostizieren versuchen. Dabei sind oft die westliche Sicht und der Wunsch der Vater des Gedankens. Das führt dann nur zu weiteren Frustrationen.

3. Vorherrschende chinesische Volksgottheiten auf Taiwan

In Taiwan sind es die vielen, überaus florierenden Tempel für Gottheiten der chinesischen Volksreligion, die dem Lande das Gepräge geben. Die Gottheiten gewähren den Menschen im diesseitigen schweren Leben eine Art „Rückversicherung" nach oben auf einer ganz pragmatischen „Do-ut-des"-Basis und machen eine wichtige Dynamik im dortigen religiös-geistigen Flußbett aus. Wenn man zum ersten Mal von Japan nach Taiwan kommt, muten die unterschiedlichen Volksreligionstempel – im Vergleich zu japanischen Shinto-Schreinen – sehr fremdartig an. Man befindet sich wie auf einem anderen Stern, obwohl man doch weiterhin im sino-japanischen Raum verbleibt.

Diese Volksfrömmigkeit und die altchinesischen universistischen Ansichten über den Kosmos, die sehr viel älter als der „erst" vor zweieinhalbtausend Jahren entstandene und alte Ansichten „nur" zusammenfassende Konfuzianismus und Taoismus sind (und die deshalb auch als Basis für diese beiden „neueren" Richtungen angesehen werden können), wurden von chinesischen Einwanderern aus Südchina nach Taiwan mitgebracht.[7] Heute haben sich diese Gottheiten oft „weiterentwickelt".[8] Ihre „Ziel- und Ergebnisbestimmung" ist jeweils den Zeitläufen angepaßt worden. Viele Gottheiten sind zu „Reichtumsgottheiten" umfunktioniert. Und „neue Gottheiten", z.B. Chiangkaichek oder Mao, sind im Laufe der Jahre zusätzlich in den großen, hierarchisch aufgebauten Götterpantheon aufgenommen worden.

Die chinesischen Gottheiten haben über Jahrhunderte ihre Faszination bewahrt, haben sogar wieder an Kraft gewonnen und andere religiös-geistige Strömungen überwuchert. Falls die Gottheiten ihren „Kontrakt" mit den, sie anrufenden Gläubigen nicht einhalten, werden erstere auch bestraft, d. h. man hackt ihnen z. B. Arme oder Beine ab, oder man wechselt die Gottheit. Vielleicht ist auf die neue mehr Verlaß. Dieser Kosmos in Taiwan läßt sich aus westlicher Sicht als eine zwar chaotische, aber doch zusammenhaltende, diesseitig orientierte, sehr dynamische und positive Welt kennzeichnen.

Es bleibt noch zu erwähnen, daß Taiwan als vorgelagerte Insel erst sehr spät vom politischen Konfuzianismus des Festlandes erfaßt und geprägt worden ist.

4. Die chinesische Trinität: Reichtum, Glück und langes Leben

Für das Festland China ist heute zwar eine ungeheure kommunistische Glaubwürdigkeitslücke festzustellen, denn der Kommunismus hat spätestens nach dem Tiananmen-Massaker sichtlich die „Gnade des Himmels" eingebüßt. Dafür bringt aber der ungebrochene und nach den wirtschaftlichen Reformen fast ungehemmte Drang nach diesseitigem Reichtum, mit z. T. in Südchina wieder zum Leben erweckten alten Gottheiten, genügenden Ausgleich und bietet eine Basis für die stürmische, ja überbordende Wirtschaftsentwicklung. Die chinesische Trinität: Glück, Reichtum und langes (diesseitiges) Leben entfaltet eine ganz eigene Dynamik. Dabei fehlt allerdings das für Japan so charakteristische, vereinigende Band nach

---

7 Chamberlain, Jonathan: Chinese Gods, Taipei 1983.

8 Hei-yuan, Chiu: Glauben im Wandel, in: Freies China, November-Dezember 1988, Nr. 2, 1. Jahrgang. Shahar, Meir: Ein Hund als Glücksbringer, in: Freies China, Mai-Juni 1992, Nr. 3, 5. Jahrgang. Ferner: Ausführliches Gespräch mit Prof. Tong, Fung-Wan, Taiwan Theological College, einem ausgewiesenen Fachmann für die chinesische Volksreligion über Volksgottheiten in Taiwan, im Frühjahr 1994, der zwei wichtige Bücher darüber (in chinesisch) veröffentlicht hat. Siehe auch Thamm, Ludwig und Hedi, Glück, Geld und langes Leben, Tradition und Volksreligion im heutigen China, Regensburg 1995. Danach ist seit Mitte der 80er Jahre eine kraftvolle Renaissance der alten Volksreligion auf dem chinesischen Festland festzustellen.

oben; dieses Defizit ist die gefährliche Achillessehne Chinas. Mit Chinesen ist nur schwer „Staat“ zu machen bzw. ein solcher aufzubauen und vor allem zusammenzuhalten.

5. Neues Aufblühen von Religionsströmungen in ganz Ostasien

These 2: Renaissance von Religionsströmungen im sino-japanischen Raum als wesentliche Grundlage der erfolgreichen Wirtschaftsentwicklung

Insgesamt kann man in Ostasien von einer unübersehbaren Renaissance religiöser Strömungen in eklektischer Mischung (was jedoch nicht als peujorative Abqualifizierung im westlichen Sinne mißzuverstehen, sondern positiv gemeint ist) ausgehen. Sie bestehen neben- und miteinander, blühen weiter auf und geben zumindest eine Auffangstellung bis hin zu einer Aufbruchstimmung. Auch negative, psychopathische Übersteigerungen wie die Aum-Shinri Kyo-Sekte in Japan bestätigen nur die Regel eines günstigen Sekten-Nährbodens. Diese berüchtigte Sekte ist zudem nur eine von vielen tausenden bekannten oder registrierten Neuen Religionen in Japan. Mit diesen vielen neuen Kräften kann jedenfalls der Westen nicht konkurrieren.

6. Heterogene Religions- und Wertevorstellungen in Ostasien erschweren regionale Zusammenschlüsse

Aus den beschriebenen großen Unterschieden (hinzu kommen noch weitere Unterschiede durch zusätzliche Religions- und Kulturströme wie z. B. den Islam) läßt sich schon die wichtige wirtschaftspolitische Folgerung ableiten, daß ein Zusammengehen in der ostasiatischen Region weitaus schwieriger zu erreichen sein wird, als es in der (West-)Europäischen Union mit ihrer vergleichsweise weitaus einheitlicheren Geschichte und Tradition auch schon ist. Die verschiedenen Bemühungen um Zusammenschlüsse in Ostasien, wie z. B APEC und andere Konfigurationen, sollten deshalb nicht überbewertet, nicht mit westlichen Augen gesehen werden. Japan möchte bei einer engeren wirtschaftlichen Zusammenarbeit z. B. wichtige Sektoren von einer Liberalisierung ausnehmen, während andere Länder gerade darauf Wert legen. Es ist noch ein sehr langer Weg zurückzulegen, zumal von den einzelnen Mitgliedländern zuzugestehenden Übergangszeiten bis zum Jahre 2010 bzw. 2020 die Rede ist.

Das vom früheren japanischen Außenminister *Okita Saburo* Anfang der 80er Jahre vorgetragene Bild der „fliegenden Gänse“: Japan voran und die anderen folgen im Formationsflug, ist sicherlich ein schönes Bild. Der Ausspruch wird im Westen auch oft zitiert. Nur hat es mit der Wirklichkeit noch nicht allzuviel zu tun. Ein chinesischer Vizeaußenminister hat seinerzeit für China sofort abgelehnt, so fliegen zu wollen. Denn wenn überhaupt ein Formationsflug stattfindet, dann wollen natürlich die Chinesen die Richtung als Leitvogel angeben und dies nicht den Japanern überlassen. Beide Länder treffen aber – aus unterschiedlichen geschichtlichen Gründen – auf ganz erhebliche Vorbehalte der anderen Länder im Raum Südostasien. Die hegemoniale Auseinandersetzung Chinas mit Japan ist vorprogrammiert. Dies nicht nur wegen der großen zahlenmäßigen Überlegenheit der chinesischen Bevölkerung (10:1 im Verhältnis zu Japan), wegen der vielfältigen chinesischen Verbindungen untereinander und des entscheidenden Wirtschaftseinflusses der Auslandschinesen in den aufstrebenden ASEAN-Ländern sowie wegen der weiterhin bestehenden „gemischten Gefühle“ zwischen China und Japan. Die Chinesen gelten auch als kreativer und sind durch die faktische Wirkung des „Reiches der Mitte“ als gedachter Mittelpunkt der Welt trotz aller geschichtlichen Turbulenzen mehr in sich ruhend. *Huntington* erwartet deshalb auch mit Recht eine Führungsrolle Chinas in Ostasien vor Japan.[9] Die Machtprobe zwischen China und Japan ist in vollem Gange. Die militärischen Übungen in der Taiwanstraße im Frühjahr 1996 ist über Taiwan hinaus eine Muskelprobe zwischen den beiden Supermächten USA und China.

Japan ist im Vergleich zum chinesischen Kultur- und Wirtschaftsraum ein ganz besonderes Aliud, eher ein Kunstkonstrukt, verletzbar und draußen wenig prägekräftig. Es befindet sich in einer etwas seltsamen Gespaltenheit: gewisse Verpflichtung zur Dankbarkeit gegenüber seinem alten Lehrmeister China, dem es in der Vergangenheit fast alles außer dem endogenen Shinto verdankte, aber auch Überheblichkeit wegen seiner heutigen technischen und wirtschaftlichen Überlegenheit, gemischt mit Befürchtungen für die Zukunft. Deswegen hält sich Japan auch gegenüber gewissen Führungsavancen einiger ostasiatischer Länder wie z. B. von Malaysia deutlich zurück, zumal es überhaupt nicht sicher sein kann, ob und inwieweit ein japanischer Führungsanspruch von den anderen ostasiatischen Ländern wirklich hingenommen würde. Japan wird zwar wegen seines wirtschaflichen Gewichtes respektiert und gleichzeitig gefürchtet, manchmal wohl auch als „Vorbild“ gegenüber dem Westen gesehen, mehr aber auch nicht. Ein „Amaeru“, d. h. ein Geliebtwerden in der asiatischen Umgebung, oder eine innere Akzeptanz, hat sich nicht eingestellt. Ein schwieriges Verhältnis zu den USA und Rußland komplettiert diese unbehagliche Gesamtposition Japans.

Entscheidend ist, daß heute schon nicht mehr nur die „Triade“, d. h. USA, Westeuropa und Japan in der Welt entscheidend ist. Man muß, wie oben bereits angesprochen, eine „Quadrade“ konstatieren. Man muß den „alten“ Triademächten den großen chinesischen Kultur- und Wirtschaftsraum als durchaus eigenständige, immer bedeutungsvoller werdende Region hinzufügen.[10]

---

9 Huntington, a. a. O.

10 The Boston Consulting Group: Eine Management Perspektive, Asien: Eine Aufforderung, März 1995.

II. Welche Religions- und Wertesysteme sind „leistungs"-fähiger?

These 3: Die relative Stärke unterschiedlicher religiös-geistiger Kräfte im Westen und in Ostasien ist entscheidend, d. h. welche Systeme lern-, anpassungs- und damit überlebensfähiger sind

Es hört sich zunächst wie eine Art Blasphemie an, wenn die sozio-ökonomische „Leistungsfähigkeit" von Religionsströmungen abge- bzw. hinterfragt werden soll. Damit soll natürlich nicht in Abrede gestellt werden, daß Religionen ihren eigenen Platz für sich beanspruchen müssen und haben. Aber gleichzeitig kann nicht geleugnet werden, daß Religionsströmungen über die durch sie geprägten Verhaltensweisen ganz erhebliche Auswirkungen auf die Wirtschaftsentwicklung aufweisen.

In diesen Kontext soll eine kurze Bewertung von Religionsströmen zwischen dem Westen und Ostasien in zweifacher Hinsicht vorgenommen werden. Das bedeutet einmal eine Ex-post-Betrachtung, d. h. welche Auswirkungen auf den Alltag bislang „erwiesen" sind. Zum anderen sollte man aber auch ex ante bedenken, was künftig getan oder auch unterlassen werden sollte, um unsere westlichen Werte und damit die weitere sozio-ökonomische Entwicklung im Westen besser abzusichern.

1. Relative Schwäche der „Westkirchen"

Bei einem West-Fernost-Vergleich sehen die Perspektiven unserer Westkirchen, d. h. der katholischen und evangelischen Kirchen, sehr viel düsterer aus. Denn deren Prägekräfte haben stark abgenommen und nehmen weiter ab. Dies hat, wie wir jeden Tag feststellen können, negative Auswirkungen auf das westliche sozio-ökonomische Verhalten. Unsere Gesellschaft ist außer Tritt geraten.

Unsere westliche „Konkurrenzlage" im religiös-geistigen Bereich ist als ziemlich schlecht anzusetzen. Kennzeichnend dafür ist u. a., daß die Mitgliedszahlen und die Missionstätigkeit der christlichen Kirchen in Ostasien seit Jahren stagnieren. Wie könnten auch die sichtlich im Niedergang befindlichen, dazu in sich uneinigen und von der kolonialen Vergangenheit her belasteten Religionssysteme des Westens in Ostasien noch eine große Ausstrahlung erzielen können? Sie sind schwach geworden, und Schwäche wird in Asien verachtet. Sicherlich wirken vom Westen weiterhin westliche Ideale, wie z. B. der Demokratiegedanke (wenn auch zumeist nebulös) oder flache Modeerscheinungen wie Discos und Modetänze auf Ostasien ein und regen zur Nachahmung an. Die darunter anzusiedelnden religiösen Einflüsse von West nach Ost sind jedoch mehr und mehr zum Stillstand gekommen. Man könnte heute eher von einem „Religionsexport" in die umgekehrte Richtung, d. h. von Fernost nach dem Westen, insb. in die USA, sprechen.

Die Zersplitterung unter den westlichen Kirchen in Ostasien geht leider auch soweit, daß die katholische und protestantische Kirche bei ihren Bibelübersetzungen in die chinesische Sprache für „Gott" jeweils ein anderes Wort benutzen, obschon doch derselbe gemeint ist.

Entscheidend ist aber, daß einem Asiaten eine personale, absolute Beziehung zu einem Höchsten nur sehr schwer zu vermitteln ist. Drüben sind die religiösen Strömungen jeweils in Relation zueinander angelegt, ist alles „relativiert" und zudem – außer dem Buddhismus – diesseitig ausgerichtet. Es gibt keinen absoluten Anspruch, keine absolute Beziehung nach oben. Deswegen hat man auch den Begriff „Sünde" oder „Sünder" nie richtig übersetzen können, man benutzt z. B. im Japanischen die Worte Toganin oder Zainin, was aber einen Menschen meint, der gegen Sozialnormen verstoßen hat. Das ist im Grunde ein anderer Tatbestand. Die Vorstellung einer gedachten Verfehlung gegenüber einem persönlichen Gott existiert drüben nicht.

Man kann jetzt einwenden, daß dies bei dem Christentum entfremdeten westlichen Menschen, denen die personale Beziehung zu Gott nichts oder kaum noch etwas bedeutet, zumindest ähnlich geworden ist. Es dürfte jedoch nach wie vor ganz erhebliche Unterschiede bei einer christlichen Missionierung im Westen und in Ostasien bestehen. In Ostasien hat es diese absolute Personalbeziehung nie gegeben, und insofern gibt es dort überhaupt keine Anknüpfungspunkte.

In Ostasien steht nämlich einer „soziale Scham- und Schande-Kultur" (welche das Gesicht zu wahren und die Erwartungen der Familie oder Gruppe zu erfüllen fordert) unserer individuellen „Erb-Sünden-Kultur" gegenüber.[11] Das sind völlig unterschiedliche und miteinander kaum vereinbare Welten.

2. Abschwächungstendenzen auch in Fernost

Auch in Ostasien gibt es heute Abschwächungs- oder Säkularisierungstendenzen (wenn auch von anderen Grundlagen und mit anderen Abwandlungen). Dies betrifft vor allem Japan, zunehmend aber auch Taiwan und Südchina. Weitere „Vermaterialisierung" und geistig-seelische Verflachung durch den Reichtum und sich häufende Korruptionsfälle (was allerdings durch die Familienvernetzungen ein altes Übel ist) sind eindeutige Anzeichen dafür. So nehmen z. B. in Taiwan, wo jahrelang eine ziemlich klare Trennung zwischen vom Festland geflohenen Politikern und Militärs sowie den eingeborenen Taiwanesen als hauptsächliche Unternehmer herrschte, heute die Vermengung beider Volksschichten und damit auch die Korruption zu. Die ziemlich klare Trennung und Aufgabenverteilung zwischen beiden Gruppen gehören der Vergangenheit an.

Der „Mythos des kommenden asiatischen Jahrhunderts" und damit die asiatische Werte- und Zukunftsüberzeugung zeigt insgesamt durchaus Risse und Auflösungserscheinungen.

11 Benedict, Ruth: The Chrysanthemum and the Sword, Patterns of Japanese Culture, Tokyo 1954.

3. Die relative Stärke der unterschiedlichen religiösen Kräfte ist entscheidend

Vielleicht sind oben deshalb die fernöstlichen Religionskräfte etwas zu positiv gekennzeichnet, „idealtypisch überzeichnet" worden. Dadurch sollten aber die Charakteristika und Unterschiede zum Westen klarer erkennbar werden. Gleichzeitig sollte es zu dem erwünschten Effekt beitragen, daß wir uns im Westen nicht weiter einem gedankenlosen Abbau oder einem Gewährenlassen hingeben und damit den weiteren religiös-geistigen Abbauprozeß, der scheinbar nur partiell wirkt, aber insgesamt doch verheerende Auswirkungen hat, ohne Rücksicht auf „gesamtheitliche Verluste", munter vorantreiben.

Es kommt auch weniger auf eine „absolute" Kraft ostasiatischer religiöser Strömungen im Verhältnis zu unseren westlichen Kirchen als auf die jeweils relative Stärke der einen über die anderen an. Und die relative Schwäche im Westen ist heute nicht mehr zu übersehen. In Zukunft wird es entscheidend davon abhängen, welche Kräfte sich jeweils als lern- und anpassungsfähiger und damit als überlebensfähiger, insgesamt als fundierter erweisen werden.

4. Ohne solide religiös-geistige Basis nehmen wir im Westen Schaden

Die Geschichte hat gezeigt, daß große Religionen entstehen, sich anpassen und entwickeln, aber auch wieder vergehen können. Und für unsere Überlegungen über die relativen Entwicklungs-, Lebens- und Auswirkungsaussichten unterschiedlicher Religions-, Kultur- und Wirtschaftssysteme in Fernost und Fernwest ist die Feststellung ganz wesentlich, daß ohne eine breite und solide religiös-geistige Basis auf Dauer eine Gesellschaft und Wirtschaft Schaden und Abstieg erleiden muß. Die Welt wird von Ideen, von Visionen gesteuert. Wenn diese verkommen und vergehen, wird auch bald der „Unterbau", d. h. die Gesellschaft und Wirtschaft in Bedrängnis kommen. Das geht jeden von uns an. Jeder von uns ist gefordert, daß eine solche Entwicklung abgewendet wird.

III. Schlußfolgerung: Wir müssen unser „Haus" in Ordnung bringen und von der „Negativ- zur Positivgesellschaft" kommen

These 4: Eine gesellschaftliche Neubesinnung sowie Neuinterpretation christlicher Werte sind im Westen erforderlich.

Wir müssen uns umstellen, wir müssen aus der „mißlichen Schieflage" wieder herauszukommen versuchen. Dies bedeutet nicht unbedingt eine Rückkehr zu alten Werten. Diese können selber schon falsch angelegt sein und weiter in die Irre führen.

In der Gesamtsicht in Kapitel G, I soll dazu eine Reihe von Gedanken zum Handeln vorgebracht werden. Diese reichen von der notwendigen gesellschaftspolitischen Neubesinnung bis hin zur Neuinterpretation christlicher Werte.

Ich bitte um Nachsicht, daß die Ausführungen über religiös-geistige Werte, insbesondere wenn man die späteren Ausführungen und Vorschläge unter Kapitel G, I hinzunimmt, ein wenig lang geraten sind. Dies erscheint mir aber notwendig. Über diese gesamtheitlichen Bezüge und ihre Aktualität wird m. E. noch viel zu wenig diskutiert, es wird entsprechend auch viel zu wenig gehandelt.

Wie sollen wir sonst auf Dauer dem immer noch vorwärts weisenden „gambari masho“ (laßt uns schuften) der Japaner mit der o. a. nationalen „Überhöhung“ und dem sehr pragmatischen und ebenfalls auf Erfolg ausgerichtetem „keyi“ (wir können es) der Chinesen widerstehen. Wir brauchen wieder eine tragfähige geistige Basis für unser Handeln und Bestehen im Alltag!

C. Andere Transaktionsrahmen für die Wirtschaft in Ostasien

I. Drei unterschiedliche und für die „Weltwirtschaft" entscheidende Transaktionsrahmen

Die „Weltwirtschaft" zerfällt in drei entscheidende, unterschiedliche Transaktionsrahmen.[1]

These 5: Drei unterschiedliche Transaktionsrahmen in der Weltwirtschaft:
(1) Horizontaler Marktkapitalismus als westliches Kulturkonstrukt,
(2) Vertikaler Ichiban-Kapitalismus in Japan,
(3) Guanxi-Kapitalismus im chinesischen Kultur- und Wirtschaftsraum
bestehen nebeneinander und gegeneinander.

1. Erster Transaktionsrahmen: Horizontaler Marktkapitalismus im Westen als westliches Kulturkonstrukt

Im Westen wird stets von den anonymen Marktkräften ausgegangen, die über Angebot und Nachfrage alles regeln sollen. Wir bedenken dabei nicht mehr, daß dieses „Marktmodell" aus unserem westlichen Kulturkreis heraus entstanden ist, also ein westliches Kulturkonstrukt darstellt, das beileibe nicht auch in anderen Werte- und Kulturräumen vorherrschend oder prägend ist. Die westliche Ökonomie, die sich seit dem 17. Jahrhundert als „political economy" herausgebildet hat, setzt nämlich eine Gesellschaft voraus, die zumindest auf der formalen Gleichheit ihrer Mitglieder, auf der Gestaltungsfreiheit von einem Individuum zum anderen beruht.[2] Dies hat jedoch in Ostasien keine gewachsenen Entsprechungen. Drüben ist nicht das Ego, ist nicht die Beziehung zwischen gleichrangigen Partnern, sondern das Wir, die Familie oder Gruppe in vertikaler Abstufung ausschlaggebend und das wird -zumindest auf absehbare Zeit – so bleiben.

Der westliche Marktkapitalismus ist also nur ein, wenn auch wichtiger Transaktionsrahmen in einer mehrfach gegliederten Weltwirtschaft. Das müssen wir im Westen zur Kenntnis nehmen.

---

1 Sicherlich gibt es neben dem westlichen, dem japanischen und chinesischen Transaktionsrahmen noch weitere Transaktionsrahmen auf dieser Welt. Nur die ersten drei genannten Kultur- und Wirtschaftsrahmen sind die bedeutendsten, die anderen sind nachgeordnete Rahmen oder Sekundärkulturen.

2 Bürgin, a. a. O.

2. Zweiter Transaktionsrahmen: Ichiban-Konsens-Kapitalismus in Japan auf der Basis einer Vertikalhierarchie

In Japan, aber auch in Südkorea (dem japanischen System nachgebildet) sind die Hierarchie und die Vertikalität zwischen den großen Verbundgruppen mit ihren vielen, nachgeordneten Zulieferanten entscheidend. In Japan sind große Firmenkonglomerate, die sog. Keiretsu und in Südkorea die sog. Chaebol bestimmend.[3] Dabei spielt der „Markt" in unserem westlichen Sinne nur eine Nebenrolle. Die vertikale Einordnung der einzelnen Firma ist der ausschlaggebende Parameter, das ist der zweite große Transaktionsrahmen in der „Weltwirtschaft". Die Preise werden im Verbund geregelt, d. h. die Zulieferanten müssen für ihre System- und Komponentenlieferungen Jahr für Jahr und insbesondere bei Konjunktureinbrüchen erhebliche Preisabschläge hinnehmen. Sie sind allerdings auch in einen engen Entwicklungsverbund mit den Endmontageherstellern eingebunden und so Teil des Gesamtrahmens, der „Gesamtfamilie".

Die Wirtschaftsbeziehungen in Japan sind gewissermaßen zweigeteilt: Es gibt einmal den Intra- oder Horizontalhandel der großen Keiretsu-Gruppen, wie Mitsubishi, Mitsui oder Sumitomo untereinander, d. h. zwischen „ihren" Firmen in den verschiedenen Industriebranchen. Dieser Horizontalhandel macht nur etwa 10-12 v. H. ihrer Transaktionen aus, was zunächst auf offene Märkte hinzudeuten scheint.

Deshalb ist dieses Argument bei den jahrelangen, sehr zähen und nicht besonders erfolgreichen Bemühungen um mehr Marktöffnung immer wieder von japanischer Seite vorgebracht worden.[4] Das ist aber nur die eine, ziemlich unbedeutende Seite des Systems. Denn weitaus wichtiger als der relativ geringe horizontale Intrahandel der Keiretsu ist der umfangreiche und in sich recht festgefügte Vertikalhandel zwischen den japanischen Zulieferanten und ihren Abnehmern, den Endmontageherstellern. Dabei ist zu berücksichtigen, daß die Eigenfertigung der übergeordneten Großfirmen in Japan recht gering ist und der Zulieferanteil weitaus höher als in westlichen Industrieländern liegt. Eine Autofirma wie Toyota weist etwa 400

---

3 Hilpert, Hanns Günther: Strategische Unternehmensverflechtungen (Keiretsu): Vorteile im internationalen Wettbewerb?, in: Ifo Schnelldienst 27/94.

4 Die deutschen Marktöffnungsforderungen (weitgehend von der EG-Kommission übernommen) haben beim Abbau von nichttarifären Handelshemmnissen (Beseitigung von überflüssigen Standards oder Doppelprüfungen in Japan) in zwei Wirtschaftssektoren: Automobile und Chemie, durchaus respektable Ergebnisse erzielt. Dadurch konnten die deutschen Unternehmen Millionenbeträge einsparen und an Wettbewerbsfähigkeit gewinnen. Bei den eigentlichen, weitaus schwerwiegenderen Hemmschwellen, den Strukturbarrieren, d. h. dem festen Vertikalverbund japanischer Firmen, hat es jedoch trotz mancher Bemühungen wenig Fortschritte gegeben. Das ist der „hard core" des anderen Transaktionsrahmens in Japan. Siehe zu dem ebenfalls schwer zugänglichen Distributionssektor: Batzer, Erich; Laumer, Helmut: Deutsche Unternehmen im Japan-Geschäft: Markterschließungsstrategien und Distributionswege, Ifo Studie Nr. 1, München 1986. Ferner: Böttcher, Siegfried: Deutsch-japanischer Vergleichsbericht über die Verteilungssysteme beider Länder, in: Pohl, Manfred (Hrsg.): Japan 1987/88, Politik und Wirtschaft, Institut für Asienkunde, Hamburg 1988.

Systemlieferanten mit vielen untergeordneten Teilelieferanten in zweiter und dritter Hierarchiestufe auf, wohingegen deutsche Autofirmen etwa 1.500 in sich nicht zusammengefaßte Zulieferanten haben, also neben höherer Eigenfertigung in den Zulieferungen weitaus zersplitterter sind. Das ist die andere, die entscheidende Seite des Systems.

In Japan gaben nach den Ermittlungen des *Chusho Kigyocho* vom Dezember 1991 rund 97 v. H. der befragten Zuliefer- und Abnehmerunternehmen an, mit ihren Geschäftspartnern seit mehr als 5 Jahren andauernde Transaktionsbeziehungen zu unterhalten.[5] Dies übertrifft noch deutlich den Wert von 94,2 v. H. aus dem Jahre 1987.

Bei einer weiteren Befragung wurde außerdem ermittelt, daß 68,2 v. H. der Zulieferunternehmer ihren Hauptabnehmer seit Gründung des Unternehmens noch kein einziges Mal gewechselt haben. Werden die Unternehmen hinzugerechnet, die dies ein einziges Mal getan haben, so ergibt sich sogar ein Anteil von 83,4 v. H.

Diese Angaben braucht man nicht weiter zu kommentieren. Das überaus enge Bezugsverhältnis entspricht der so ganz anderen Wirtschafts- und Sozialgesellschaft Japans. Diese engen Bindungen sind deshalb auch nicht von heute auf morgen abänderbar, so man überhaupt will! Denn diese enge Symbiose bringt auch große Produktionskostenvorteile mit sich. Die Zulieferanten (Betriebe mit 30 bis 99 Beschäftigten) zahlen nur etwa 60 v. H. der Löhne in Großunternehmen (die etwa westlichem Niveau entsprechen) und können so als „Kosten- und Konjunkturpuffer" genutzt werden.[6] Wenn man die Löhne in Kleinbetrieben mit 5 bis 29 Beschäftigten und die Löhne in Großbetrieben über 50 Beschäftigte gegenüberstellt, ergibt sich sogar eine Disparität von 55 v. H. Derart große Lohnunterschiede gibt es in westlichen Industrieländern nicht.

Dieses Argument der großen Kostenunterschiede ist von japanischer Seite des öfteren zur Verteidigung ihrer „anderen", effizienteren Wirtschaft vorgebracht und somit ins Positive umgemünzt worden. Diese festen vertikalen Bezugsverhältnisse stellen aber für jeden, der neu hinzukommen will, ein großes strukturelles Handelshemmnis dar, im Vergleich zu den erheblich leichteren und häufigeren Änderungen unterworfenen Zugangsverhältnissen in westlichen Unternehmen. Man kann in diesem Zusammenhang zwar nicht von „ungleichen Verträgen" sprechen, wie sie einst Japan und China von den imperialistischen westlichen Mächten aufgezwungen wurden, aber es gibt doch „ungleiche Wettbewerbsverhältnisse" zuungunsten des Westens, also in die umgekehrte Richtung. Ein bekannter japanischer Wirtschaftsprofessor stellte vor einigen Jahren in einer OECD-Untersuchung zu den ähnlich gelagerten Strukturbarrieren im japanischen Verteilungssystem, in dem ja-

---

5 Hemmert, Martin: Vertikale Kooperation zwischen japanischen Industrieunternehmen, Köln 1993.

6 Hemmert, Martin: Die Japanische Wirtschaft heute, Kapitel 4: Die Struktur und Organsation der Industrie, Miscellanea, Phillip-Franz-von-Sieboldt-Stiftung, Tokyo August 1994.

panische Groß- und Einzelhändler einseitig auf einzelne japanische Produzenten „ausgerichtet“, also in ihren Einkäufen recht unselbständig und abhängig sind, apologetisch fest, daß diese „unintentional barriers to trade“ seien.[7] Aber ob diese Barrieren unbeabsichtigt sind oder nicht, ist für den „Außenseiter“, der in den Markt hineinwill, ziemlich unerheblich, Barrieren sind sie allemal. Diese festen Bezugsverhältnisse werden zwar in den letzten Jahren durch einzelne „Beziehungs- und Preisbrecher“ gerade im Konsumgüterbereich „gestört“. Bislang sind das aber – für uns im Westen und für die preisausgebeuteten japanischen Verbraucher – nur erfreuliche Ausnahmeerscheinungen, die noch nicht überbewertet werden dürfen. Ein paar Schwalben machen noch keinen Sommer.

Es bleibt also weiterhin schwierig, in kleine Restmärkte für Zulieferungen und Konsumgüter hineinzukommen. Dafür genügt auch das von japanischer Seite so oft empfohlene „try it again and over again“ allein nicht, es muß mehr von japanischer Seite erfolgen. Die verschiedenen Importförderungsprogramme japanischer Stellen stellen zwar willkommene Hilfen dar, sind aber doch nur Palliativmittel, die nur dann zu weiterreichenden Ergebnissen führen könnten, wenn sie von Verhaltensänderungen in der japanischen Wirtschaft und bei den japanischen Konsumenten begleitet wären oder dahin führen würden. Das ist der entscheidende Punkt. Dort muß die strukturelle Öffnung Japans stattfinden.

Diese notwendigen Verhaltensänderungen können aber nur durch harte wirtschaftliche Zwänge, z. B. durch Auslagerung von Teileproduktionen über den hohen Yen in das Ausland und damit durch ein Aufbrechen der engen Zulieferbeziehungen in Japan erzwungen werden. Aber auch hier folgen oft, wie die japanischen Investitionen in den USA gezeigt haben, Teilehersteller „ihren“ Hauptproduzenten nach. Dann bildet sich eine „japanische Enklave“ innerhalb einer fremden Volkswirtschaft, inhaltlich ändert sich weiterhin wenig.

Mit diesen Überlegungen sollen nun keineswegs die insgesamt immer noch unzureichenden Marketingbemühungen westlicher Firmen in Japan bemäntelt oder wegdiskutiert werden. So ist ganz offensichtlich, daß z. B. amerikanische Autofirmen es in nicht entschuldbarer Weise unterlassen haben, für Japan geeignete Produkte zu entwerfen, herzustellen sowie eigene Verteilungsnetze in Japan aufzubauen. Sehr positiv hebt sich dagegen die deutsche Autofirma BMW ab, die seit Beginn der 80er Jahre mit großen Mühen in Japan ein eigenes Vertriebsnetz installiert hat und wachsende Verkaufsergebnisse erzielt. VW und Mercedes haben dagegen über Jahre eine halbherzige Verkaufs- und nicht durchdachte Kooperationspolitik betrieben. Auch im Westen müssen also Verhaltensänderungen einsetzen, beide Seiten müssen sich bewegen. Man kann nicht darauf vertrauen, daß Regierungen wie beim letzten Autostreit zwischen USA und Japan den Marktzugang erzwingen könnten. Das funktioniert so nicht.

---

7 Maruyama, Masayoshi: Structure and Change in Distribution Systems, The Analysis of Seven OECD-Countries, Background Report, Paris 1992.

Als Tatbestand ist insgesamt festzuhalten, daß ein „japanischer Markt“ nicht mit einem „westlichen Markt“ gleichgesetzt werden kann. Das sind zwei verschiedene Paar Schuhe. Diese wesentlichen Unterschiede kennzeichnen die Crux in den Handelsbeziehungen des Westens mit dem japanischen Transaktionsrahmen.

3. Dritter Transaktionsrahmen: Der chinesische Guanxi-Kapitalismus, d. h. quasi-familiäre Netzwerkbeziehungen

Im großchinesischen Raum, der vom chinesischen Festland über Hongkong, Taiwan, ROC, Singapur, die vielen Auslandschinesen in Südostasien bis hin zu denen in San Francisco und Vancouver in Nordamerika reicht, hängen und arbeiten viele kleine und mittlere chinesische Firmen über quasi-familiäre Netzwerkbeziehungen, den sog. Guanxi, als dem in dieser Region maßgeblichen Transaktionsrahmen zusammen. Wichtig ist dabei, daß die Wirtschaft in südostasiatischen Ländern weitgehend von Auslandschinesen getragen und diese auch maßgeblich an den Auslandsinvestitionen auf dem Festland China beteiligt sind.

Abgesehen von den Beziehungen zwischen den geographisch weit verstreuten chinesischen Familienunternehmen unterscheidet sich der Guanxi-Kapitalismus vom japanischen Kapitalismus vor allem durch die sehr unterschiedlichen Größenordnungen der Unternehmen. Taiwan ist z. B. ein Industrieland mit einer ausgesprochen mittelständischen Struktur und mit wenig Großbetrieben. Ein Keiretsu- oder Chaebol-Vertikalverbund wie in Japan oder Südkorea existiert nicht.

Auch im Guanxi-Kapitalismus ist ein Markt im westlichen Sinne nicht entscheidend, es wird alles unter „Beziehungsleuten“, unter Freunden, in der großen „Familie“ geregelt, u. a. auch der Preis. Eine kürzliche OECD-Studie konstatiert deshalb auch zu Recht ein drittes Transaktionsregime zwischen Markt und Hierarchie.[8]

4. Kapitalismus wider Kapitalismus, anhaltende, „stabile“ Ungleichgewichte in der „Weltwirtschaft“

Die drei o. a. Transaktionsrahmen sind natürlich idealtypisch zu verstehen. Hierarchie und Netzwerke sind auch im Westen vorhanden, sie sind nicht nur ein japanisches oder chinesisches Phänomen. Nur sind sie bei uns nicht allprägend, das ist der entscheidende Unterschied.

Horst Albach weist zu Recht darauf hin, daß ausgehend vom japanischen Gemeinschaftsgeist in Japan selbst kein eigentlicher Preiswettbewerb (wie im Westen), sondern mehr ein Qualitäts- und Innovationswettbewerb stattfindet; was sich

---

[8] OECD, Technology and the Economy, The Key Relationships, Paris 1992.

jetzt jedoch angesichts des hohen Yen und des zunehmenden Preisdrucks durch Waren aus Südostasien langsam verschiebt.[9] Grundsätzlich will man aber in Japan den Konkurrenten nicht über den Preis ausschalten. Wettbewerb in Japan ist grosso modo kein Ausleseprozeß, sondern ein unterschiedlich ausfallender Wachstumsprozeß. Der Wettbewerb hat also eine andere Qualität als im Westen.

Der internationale Wettbewerb draußen wird allerdings von japanischen Firmen durchaus als Verdrängungswettbewerb gegenüber den Auslandskonkurrenten nach dem Muster geführt: Aufbau von Brückenköpfen, massiver Preiskampf bis zur Vernichtung des Wettbewerbers. Denn nach einem bekannten japanischen Sprichwort braucht man draußen die „soziale Scham", die Haji, nicht zu beachten. Diese Scham gilt nur zu Hause, unter Japanern, draußen aber nicht.

Im Westen und im Fernen Osten stehen sich also unterschiedliche Kapitalismustypen mit jeweils anderen Inhalten und Verhaltensweisen gegenüber, was geradezu zwangsläufig zu großen Ungleichgewichten in der Weltwirtschaft führen muß. Die hohen strukturellen Handelsbilanzüberschüsse Japans kennzeichnen diese stabilen Ungleichgewichte. Diese dürften auch künftig anhalten. Ein Stolpern von dem erst in letzter Minute durch einen Formelkompromiß abgewendeten Autohandelskonflikt, über den Luftfahrtstreit zwischen den USA und Japan bis hin zu kommenden Streitfragen ist zwangsläufig vorprogrammiert. Eine Konvergenz der unterschiedlichen Kapitalismustypen mit ihren unterschiedlichen Verhaltensweisen steht, zumindest auf absehbare Zeit, nicht zu erwarten.

5. Vier Zukunftsszenarien

Angesichts dieser Ungleichgewichte und Gefährdungen des „freien Welthandels" sind vier Zukunftsszenarien denkbar:

(1) Der japanische Transaktionsrahmen wird nach jahrelanger, mühsamer Hinhaltetaktik Japans zumindest formal offener. Diese Öffnungen erfolgen aber jeweils auf ausländischen Druck zumeist erst dann, nachdem japanische Firmen entsprechend „kritische" Produktions- und Importbereiche im Ausland übernommen haben, diese also „japanisch" geworden sind. Daran ändert die juristische Fiktion, daß diese japanischen Firmen Firmen ausländischen Rechts geworden sind, nicht allzuviel. Beispiele hierfür sind Übernahmen holländischer Schnittblumenhersteller durch japanische Firmen oder die Aufkäufe australischer Rindfleischfarmen. Erst danach wurden die entsprechenden Einfuhren in Japan liberalisiert. Ein ähnliches Beispiel liegt darin, daß japanische Autoproduzenten japanische Zulieferanten in die USA nachgezogen haben. Diese sorgen zwar für mehr Beschäftigung in den USA, aber nicht unbedingt für mehr „amerikanische" Firmen. Formal können dann die Importe aus den USA nach Japan (Export, von „amerikanischen" Produk-

[9] Albach, Horst: Japanischer Geist und internationaler Wettbewerb, in: Zeitschrift für Betriebswirtschaft, 1990, Heft 4.

ten japanischer *Transplants) liberaler gehandhabt werden, und auch die Local-Content-Auflagen in den USA sind erfüllt. Inhaltlich hat sich jedoch wenig geändert, der relativ geschlossene japanische Transaktionsrahmen ist erhalten geblieben. Seine Grenzen wurden gewissermaßen nur nach außen verschoben.

Diese Möglichkeit zur Vorverlegung des japanischen Transaktionsrahmens nach draußen ist jedoch neuerdings eingeschränkt, weil nach dem Ende der sog. Luftblasenwirtschaft schon die auf Jahre angeschlagene japanische Kreditwirtschaft der Expansion enge Grenzen setzen wird. Eher ist eine Welle weiteren Abstoßens ausländischer Aktiva, wie z. B. des verlustreichen Verkaufs des Rockefeller-Center durch Mitsubishi, zu erwarten. In diesem Zusammenhang sind vielleicht auch die Übernahme von Rover durch BMW und die Schließung der Daiwabank-Filiale in den USA durch die amerikanische Bankenaufsicht (wegen Verstoßes gegen amerikanische Usancen) als Menetekel der Zeit für „japanische Grenzen" zu deuten.

(2) Die japanische Wirtschaft ändert, öffnet und internationalisiert sich wirklich, was nach obigen Ausführungen in voller Breite und Tiefe relativ unwahrscheinlich ist. Natürlich muß versucht werden, auf bilateraler, EU- und multilateraler Ebene, etwa über die WTO oder über die OECD, weitere substantielle Öffnungen zu erreichen, was aber immer nur partiell erfolgreich sein dürfte. Auf der Verhandlungsbasis „Fall für Fall", der von Japanern bevorzugt wird, kann sicherlich noch auf Jahrzehnte hinaus weiter argumentiert und verhandelt werden. Öffnungen „quer Beet" lassen sich damit nicht erreichen.

Aber die japanische Wirtschaft könnte von sich aus in Einzelbereichen zu Teilöffnungen induziert werden. In der Vergangenheit konnte nämlich die japanische Industrie auf der Grundlage westlicher Basisinventionen relativ schnell innovative Produkte entwickeln, produzieren und mit guten Gewinnen auf den Weltmärkten verkaufen. Diese „Bezugsmöglichkeiten" sind heute eingeschränkt. Das westliche Ausland ist nämlich bei der Hingabe wesentlicher Technologieerkenntnisse erheblich zurückhaltender geworden. Japan ist aber weiterhin, trotz zunehmender Eigenpatente, auf westliche Basisinventionen angewiesen. Es ist deshalb darum bemüht, westliche F&E-Experten für Basis- und angewandte Forschungen im Rahmen international ausgelegter Projekte nach Japan zu gewinnen, was jedoch auf westliches Mißtrauen stößt. Solche Bemühungen könnten Japan bei Erfolg in gewissen neuralgischen Bereichen und für entsprechende Kooperationen, für wie lange auch immer, öffnen. Es fragt sich dann nur, wer strategisch überlegter vorgeht, wer auf Dauer den größeren Nutzen davon hat.

Es fragt sich auch, ob diese neue Verhaltensvariante zu einem echten Miteinander und später zu Konkurrenzbeziehungen, beides im westlichen Sinne, führen wird oder kann. Es bleiben unterschiedliche Welten und Verhaltensweisen. Kooperationsbeziehungen sollten deshalb von uns mit klaren eigenen Ziel- und Ergebnisvorstellungen auf Zeit verfolgt werden.

(3) Bei anhaltenden wirtschaftlichen Friktionen könnten sich die drei großen Wirtschaftsregionen in Amerika, Westeuropa und Japan / Ostasien zu Wirtschafts-

blöcken weiter verfestigen, also entgegen gegenteiliger Beteuerungen nicht offen bleiben oder zumindest nicht offener werden.

Das kann für alle drei Regionen zutreffen. So ist denkbar, daß jeweils Japan, China und die ASEAN-Länder, wobei sich letztere sowohl von Japan wie von China bedroht fühlen, mehr für sich bleiben und sich abkapseln. Vielleicht ist auf längere Sicht eine größere chinesische Zusammenarbeitsregion einschließlich der ca. 50 Mio Überseechinesen im südostasiatischen Raum im Sinne der o. a. Quadrade wahrscheinlicher als ein Zusammengehen südostasiatischer Länder mit Japan. Denn südostasiatische Länder, vor allem aber die VR China, möchten durchaus das japanische Übergewicht vermindern. Ein stärkeres deutsches Engagement und zunehmende bilaterale oder trilaterale Kooperationen, d. h. zwischen festlandchinesischen, auslandschinesischen und deutschen Partnern, sind dabei als leichter machbar anzusetzen als unter japanischem Vorzeichen.

(4) Ein viertes Szenario ist auch durch anhaltende stabile Ungleichgewichte in der Weltwirtschaft, aber mit jeweils gewaltsamen und nicht gerade liberalen Ad-hoc-Lösungen nach dem westlichen Lehrbuch gekennzeichnet. Dieser unbequeme Weg hat eine große Wahrscheinlichkeitschance für sich. Daran dürften auch die neuen WTO-Regeln nicht viel ändern können, zumal schon die den internationalen Handel verzerrenden Strukturprobleme nicht in der Uruguay-Runde behandelt werden konnten. Es ist auch nicht abzusehen, ob bzw. wann derartige Fragen in der WTO auf die Tagesordnung gesetzt werden können. Zwar kann der WTO eine gewisse disziplinierende Wirkung nicht abgesprochen werden, wobei allerdings Bewährungen über das neu geschaffene Streitschlichtungsverfahren noch ausstehen. Dieser mögliche und durchaus wünschenswerte Effekt steht jedoch gegen unterschiedliche, kultur- und strukturadäquate Rahmen und Verhaltensweisen in den verschiedenen Regionen der Welt. Auch Bemühungen der OECD, den internationalen Handel verzerrende Strukturprobleme anzugehen, sind über das Stadium von Überlegungen oder Diskussionen noch nicht hinausgekommen.

II. Interkulturelle Globalisierung und intrakulturelle (gleichkulturelle) Regionalisierung

Bei den folgenden Überlegungen soll nicht näher auf die zunehmende Globalisierung der Weltgütermärkte und den dadurch bedingten, ständig härter werdenden Wettbewerb eingegangen werden. Diesem müssen wir uns stellen, was jedoch angesichts des vielfach belasteten deutschen Standortes immer schwerer wird.

Es soll vielmehr auf Möglichkeiten der internationalen Zusammenarbeit und des internationalen Zusammenwachsens abgestellt werden. Hier ist zwischen einer interkulturellen Globalisierung und / oder einer gleich- bzw. intrakulturellen Teilglobalisierung oder Regionalisierung zu unterscheiden.

Interkulturelle Globalisierungen oder intrakulturelle Regionalisierungen brauchen nicht unbedingt gegensätzliche oder voneinander getrennte Entwicklungen zu beinhalten. Beides kann und wird nebeneinander bestehen; Übergänge können fließend sein. Nur regionale Kooperationen innerhalb eines bekannten und eingeübten Kultur- und Wirtschaftsrahmens sind mit Sicherheit – wegen geringerer Entfernungen, sowohl verhaltensmäßiger wie geographischer Art – einfacher zu handhaben.

1. Beispiele für interkulturelle Schwierigkeiten und Grenzen

a) Rechts- und Strukturprobleme

Es gibt viele Bereiche, für die in Ostasien westliches Recht, wie z. B. im japanischen Patentwesen, übernommen worden ist. Daraus aber die Folgerung ziehen zu wollen, daß auch die Patentpraxis westlichen Maßstäben folgt, wäre völlig unangebracht.[10] Die Unkenntnis darüber hat westlichen Unternehmern in der Vergangenheit bei Lizenzvergaben oder auch bei Kooperationen erhebliche Nachteile und Verluste eingebracht. Denn sie konnten wegen der bewußt anderen, wesentlich detaillierteren Patenteintragung in Japan – im Gegensatz zu der generellen Eintragung in Deutschland – sehr schnell und völlig legal „ausgeschaltet" und überholt werden. Aber Unkenntnis schützt vor Strafe nicht.

Kennzeichnend für das schwierige internationale Miteinander ist ebenfalls, daß, wie bereits erwähnt, in der letzten GATT-Runde das eigentliche Japan-Problem, nämlich die ungleichen Strukturen, die dadurch bedingten Verzerrungen des internationalen Wettbewerbs, gar nicht auf die Tagesordnung gesetzt, geschweige denn gelöst werden konnten. Das GATT – und das ist entscheidend – war für ein derartiges Problem seinerzeit auch gar nicht konzipiert worden. Die westlichen Industrieländer waren noch mit etwa gleichen Gesellschafts- und Wirtschaftsstrukturen „unter sich" gewesen und brauchten sich zunächst um interkulturelle Schwierigkeiten für den internationalen Handel nicht oder nur wenig zu kümmern.

Heute und künftig müßte man, falls das überhaupt möglich sein sollte, bei derartigen internationalen Rahmenwerken, wie jetzt der WTO, „kulturspezifische" Aspekte weitaus stärker berücksichtigen, mehr in die Regeln einarbeiten. Das müßte dann aber gegen die „Beklagten" eingebracht und durchgesetzt werden. Ein fast unmögliches Unterfangen, denn wer hängt der Katze die Schelle um, zumal es auch bei westlichen Industrieländern eine ganze Reihe westlicher Strukturhindernisse und damit entsprechende Widerstände gibt?

---

10 Technologieschutz in Japan – Strategien für Unternehmenskooperationen, Ifo Studien zur Japanforschung, München 1993.

b) Verständigungsschwierigkeiten auf Regierungsebene

„Andere Welten" sind auch immer wieder bei Gesprächen auf bilateraler Regierungsebene mit frustrierender Deutlichkeit zutage getreten. So waren z. B. Anfang der 80er Jahre von deutscher Seite wiederholt Vorhaltungen gegen ein drohendes amerikanisch-japanisches Autoexportselbstbeschränkungsabkommen (was nach unserer Auffassung eine Sünde wider den heiligen Geist des Freihandels darstellte) gemacht und dazu auf die Gefahr der Umleitung von Überschußkapazitäten auf den freien deutschen Markt mit drohenden Konsequenzen auch in Deutschland hingewiesen worden. Bei den damaligen deutsch-japanischen Gesprächen auf Ministerebene wurde von japanischer Seite zu diesen deutschen Bedenken und auf die Forderung nach Aufrechterhaltung des freien Welthandels zwar verständnisvoll genickt, aber mit gleichem Atemzug darauf aufmerksam gemacht, daß man manchmal nicht daran vorbeikomme, Selbstbeschränkungen zu vereinbaren. Alles ohne erkennbares „ideologisches Sündengefühl" wie es in entsprechender Lage bei uns zumindest als Feigenblatt vorgezeigt worden wäre. Bei einem erneuten deutschen Plädoyer für den freien Welthandel, der doch durch Selbstbeschränkungsmaßnahmen beschädigt würde, wurde versichert, daß man durchaus einer Meinung sei und das gleiche Ziel verfolge. Aus diesen Gesprächen läßt sich als Quintessenz festhalten, daß man höflich aneinander vorbeigeredet hatte. Die deutsche Seite mit vollem Einsatz für die Freiheit im Welthandel ohne quantitative Beschränkungen und die japanische Seite mit der situativen Einschätzung, daß freier Welthandel und Beschränkungen für die japanischen Ziele keine Gegensätze zu sein brauchen.

Dieser höfliche innere Widerspruch aus unterschiedlichen geistigen Einstellungen ist kennzeichnend für viele Treffen auf bilateraler und EU-Ebene während der 80er bis zur ersten Hälfte der 90er Jahre gewesen. Auch ein EU-Japan-Abkommen hat an dieser Lage wenig zu ändern vermocht.

Heute ist die Verhandlungssprache wegen der gewachsenen Position Japans nach außen einerseits und wegen der innenpolitischen und wirtschaftlichen Schwäche Japans andererseits härter und zurückweisender geworden. Man weiß dann aber wenigstens, woran man ist, zumindest aus westlicher Sicht. Ein Beispiel hierfür ist die „Mission on Deregulation" der EU nach Tokyo im Februar 1995 gewesen. Von den EU-Deregulierungsforderungen war – sehr zum Ärger der EG-Kommission – nur ein kleiner Bruchteil in den japanischen Deregulierungskatalog aufgenommen worden. Damit sind dann die über Jahre gewohnten kleinen Schritte in die richtige Richtung eben noch kleinere Trippelschritte geworden. Auf EU-Vorhaltungen gab ein MITI-Vizeminister klar zu erkennen, daß die Regierung (noch) weniger als ihre Vorgänger der Deregulierung verpflichtet sei.

Auch das letzte große Kräftemessen zwischen USA und Japan 1995 über den mangelnden Import japanischer Autos und Autozubehörteilen ist Ausdruck gewohnter Differenzen. Es ist zu bezweifeln, ob und inwieweit der in allerletzter Minute gefundene Formelkompromiß zu wesentlichen Exportsteigerungen nach Japan führen wird, ganz abgesehen davon, daß es sich immer mehr um den Export japanischer Autos aus japanischen Fabriken in den USA nach Japan handelt.

Die Marktöffnungsergebnisse in Japan sind, wie bereits angesprochen, in den letzten 15 Jahre insgesamt relativ klein und unbefriedigend geblieben. Die mehr als 10 Marktöffnungspakete der japanischen Regierung haben für den Marktzugang substantiell keine Wende gebracht bzw. waren wohl auch überwiegend gar nicht dahingehend intendiert. Sie sind wohl mehr im Sinne des sich im Sturm neigenden, aber bei Ruhe fast wieder in die gewohnte Stellung zurückschnellenden Bambus zu interpretieren. Das MITI und Fachministerien betätigten sich dabei häufig als Bremser. Der in den 80er Jahren vielverwendete Begriff der „Kokusaika", d. h. der Internationalisierung, hat für die Importzielrichtung nach Japan, also für die angestrebte Zweibahnstraße, noch nicht allzuviel bewirkt.

Bei einem Vergleich des unterschiedlichen Vorgehens der EU und der USA gegenüber Japan ist insgesamt festzustellen, daß das flexiblere Auftreten der EU mehr verspricht als die harte Linie der USA. Die EU nimmt in ihren Verhandlungen schon wegen ihres geringeren Gewichtes mehr Rücksicht auf das „Gesicht" Japans, zumal sie auch von zunehmenden Marketingbemühungen deutscher / westeuropäischer Firmen in Japan unterstützt wird. Die USA treten wegen ihrer stärkeren Marktbedrängnis durch japanische Exporte, ihres stärkeren politischen Gewichtes und ihrer offenen Mentalität wesentlich härter in Japan auf. Beide Vorgehensweisen können jedoch beim relativ geschlossenen japanischen Transaktionsrahmen immer nur begrenzte Erfolge bringen.

Ähnliches dürfte auch auf das neue Schlagwort „Globalisierung" bei Südkorea zutreffen. Globalisierung ist sicherlich gut und wichtig, nur muß sie in beide Richtungen gehen und nicht nur restriktive Praktiken im Importhandel zu überdecken suchen.

2. Was bedeutet Globalisierung für die Wirtschaft?

Der überaus schillernde Begriff Globalisierung, bezogen auf die Wirtschaft, kann auf mehrfache Weise verstanden werden:

a) Zunächst auf technischer Ebene, wo die schnellen Kommunikationsmöglichkeiten revolutionär sind. Sie sorgen für die schnelle Übermittlung von Nachrichten und haben eine bessere Übersicht gebracht, was für die Entwicklung von übergreifenden Strategien nationaler Firmen wichtig ist. Für ein besseres Verstehen im internationalen Miteinander bringt dies zunächst aber noch wenig. Die Universalisierung der Technik macht noch lange keine „Weltkultur".

b) Neben der Globalisierung mit hartem und zunehmendem Wettbewerbsdruck auf den Weltgütermärkten ist die Globalisierung auf den Finanzmärkten am stärksten fortgeschritten.

c) Globalisierung bedeutet aber auch das wünschenswerte weltweite Ausgreifen, gerade deutscher Firmen, zu weltweiten Produktions- und F&E-Aktivitäten, entweder auf eigener Basis und/oder in Zusammenarbeit mit regionalen Partnern draußen. Wir haben als führendes Industrieland viel zu lange auf einer Produktion zu Hause mit sich anschließenden Exporten in alle Welt verharrt. Diese Epoche des nur „made in Germany" ist heute jedoch bereits Vergangenheit. Der seinerzeit beliebte Titel eines Exportweltmeisters oder an zweiter Stelle in der Welt stehend besagt nicht mehr allzu viel. Wir müssen zu einem wirklichen „global player" mit weltweiten Produktionen und F&E-Aktivitäten aufrücken. Dieser Prozeß ist im Gange.

d) Eine interkulturelle Globalisierung erstreckt sich auf eine internationale Zusammenarbeit zwischen Firmen aus unterschiedlichen Kulturkreisen der Welt, z. B. bei einer Produktion mit Marketing im Ausland oder bei F&E, d. h. im vorwettbewerblichen Bereich. Besonders die strategischen Allianzen zielen in diese Richtung. Sie sind nicht einfach zu handhaben und bedingen die Beachtung von Voraussetzungen, wie in etwa gleiche Größenordnung der beteiligten Firmen, klare Zielsetzungen und Zusammenarbeit auf Zeit, insb. wenn es sich um eine F&E-Zusammenarbeit handelt. Die Zusammenarbeit zwischen Siemens, IBM, Motorola und Toshiba zur Entwicklung von Hochleistungschips dürfte diesen Voraussetzungen entsprechen und insofern ein gutes Beispiel für strategische Allianzen darstellen.

III. Schlußfolgerung: Nach „gemischten Turniererfahrungen" in Japan müssen wir mehr Eingang in den chinesischen Kultur-und Wirtschaftsraum anstreben

1. Enttäuschende Erfahrungen im japanischen Transaktionsrahmen

In den japanischen Transaktionsrahmen mit seinen hierarchisch gegliederten Großunternehmen haben wir, wie oben bereits angesprochen, nur relativ geringen Eingang gefunden. Zu Massenlieferungen (ausgenommen bei Chemie) ist es nicht gekommen, während japanische Firmen dies in Richtung Deutschland und in andere westliche Industrieländer durchaus geschafft haben.

Nischenlieferungen können zwar durchaus interessant und gewinnreich sein. So haben die wenigen und ziemlich klein gebliebenen deutschen Handelshäuser als „beati possidentes" auf Teilmärkten mit Spezialprodukten gute Geschäfte gemacht. Sie werden sie auch weiter machen können, sofern sie innovative Produkte anbieten, die Produkte immer wieder zeitlich vor den japanischen Konkurrenten weiter- oder neuentwickelt werden, diese Produkte von der japanischen Industrie unbedingt gebraucht werden und die Handelshäuser sich ansonsten den örtlichen Geschäftsusancen anpassen. Diese partiellen Erfolge ändern jedoch am Gesamtbild der seit 20 Jahren stark angestiegenen strukturellen Handelsbilanzdefizite gegenüber Japan wenig. Für Japan gilt das Prinzip einer horizontalen Handelsverflechtung und horizontalen Produktdifferenzierung als Motor des internationalen Handels nicht oder doch nicht so, wie es sich unter westlichen Industrieländern herausgebildet hat.

Vor einigen Jahren erklärten Vertreter der deutschen Industrie- und Handelskammer in Tokyo dem damaligen deutschen Wirtschaftsminister frank und frei, daß die Japaner uns nicht brauchen und auch nicht haben wollen. Das war zwar kein freihändlerisches Zeugnis für Japan, entspricht aber im großen und ganzen der Realität, auch wenn zur Zeit, d. h. Anfang 1996, die Aussichten von deutschen Firmen in Japan wieder positiver eingeschätzt werden. Das entspricht einfach dem üblichen Auf und Ab auf einer Art Sinus-Kurve, ohne daß sich an der Struktur und den weiterhin hohen Handelsbilanzdefiziten wesentliches ändert. Daran wird auch ein von der Deutschen Botschaft in Tokio seit Herbst 1993 propagiertes Konzept „Japan dreimal – exportieren, investieren und kooperieren" wenig ändern können. Dieses Konzept ist zwar nach westlichen Maßstäben einleuchtend, gilt jedoch für Japan nur recht bedingt. Exportieren nach Japan in Nischen ja (auch mit Zunahmen, wie die neuerdings gestiegenen Autoausfuhren zeigen), investieren und produzieren dort jedoch kaum. Dazu sind die Kosten heute in Japan viel zu hoch, und ein entsprechender Massenabsatz als Basis fehlt. Kooperieren ist auch nur unter einengenden Voraussetzungen möglich. Eine wichtige Einengung ist z. B. , daß für Japaner „horizontale Kooperationen" schwierig sind. Sie sind ja seit eh und je an Vertikalverhältnisse gewöhnt, was wiederum für die „horizontalen" Westler ungewohnt ist. Es gibt drüben entweder Senior- oder Juniorpartner, dagegen kaum Möglichkeiten für eine Partnerschaft auf gleicher Ebene. Letztere ist im japanischen Vertikalgefüge, in der japanischen Begriffsvorstellung, nicht vorgesehen.

Die deutsche Wirtschaft zeigt auch wenig Interesse an dem o. a. Ansatz für Japan. Und das Verhältnis zwischen dem BdI in Deutschland und dem Keidanren (dem entsprechenden Wirtschaftsverband) in Japan bleibt auch nach einer letzten Japan-Reise im Oktober 1995 eher distanziert, obwohl Überlegungen auf deutscher Seite zu einer Belebung existieren. So wurde bei der Reise von Bundeswirtschaftsminister Rexrodt in Begleitung von BdI-Präsident Henkel im Februar 1996 in Ergänzung der o.a. Asien-Offensive einseitig ein neues „Japan-Konzept" angekündigt. Konkrete Schritte und Maßnahmen, wie z. B. Hermes / MITI-Zusammenarbeit bei der Exportversicherung, verstärkte Kammervertretung in Osaka, Arbeitsgruppe BdI / Keidanren etc., bleiben abzuwarten. Die Erwartungen sollten jedoch nach den bisherigen Erfahrungen nicht allzu hoch angesetzt werden.

Insgesamt ist dieses magere Ergebnis bei Japan recht frustrierend. Dennoch gibt es gewisse Möglichkeiten über weiteren Marktzugangsdruck auf Japan und über mehr Marketingbemühungen von unserer Seite, die begrenzten Chancen besser auszuschöpfen. Auf Einzelheiten wird im Kapitel G, II, 2 eingegangen.

2. Positive Perspektiven für den chinesischen Transaktionsrahmen

Wir müssen weitaus intensiver als bisher versuchen, in die chinesischen Netzwerke im gegenseitigen Interesse Eingang zu finden, bevor es auch dort zu spät sein könnte.

Der chinesische Markt hat durchaus gute Erfolgschancen, zumal die deutsche, wenn auch absolut noch recht niedrige Exportausgangslage keineswegs schlecht ist. Welche Möglichkeiten bei einer stetigen Aufwärtsentwicklung im gesamten chinesischen Raum vorhanden sein könnten, geht aus einem Vergleich zwischen den deutschen Exporten nach Taiwan und der VR China hervor.[11] Um 1990 lag der deutsche Export nach der VR China etwa auf gleicher Höhe wie der nach Taiwan – letzteres als entwickeltes Industriegebiet mit nur 21 Mio Einwohnern gegenüber einem weitgehend noch zu entwickelnden chinesischen Festland mit 1,3 Mrd Einwohnern. Das kennzeichnete damals den großen Entwicklungsabstand und die sehr unterschiedliche Integration in die Weltwirtschaft. In den 90er Jahren hat jedoch die VR China rasch aufgeholt und die weiteren Steigerungsmöglichkeiten sind ceteris paribus groß. Und die VR China will unabhängiger von Japan werden, hat große Schwierigkeiten mit den USA und sieht sich auch einem unberechenbaren Nachbarn Rußland gegenüber. Deutschland ist dagegen unproblematisch und ein hochentwickeltes Industrieland, also ein sehr geeigneter Partner.

Wir haben im chinesischen Raum gute Vorausetzungen:

(1) VR China ist insgesamt noch ein Entwicklungsland, dem gegenüber wir in der technologischen und damit auch in der hierarchischen Vorhand sind (ein wesentlicher Unterschied zu Japan), wenn auch ein zunehmendes Selbstwertgefühl Chinas unverkennbar ist.

(2) Erstklassige deutsche Technologie insbesondere für den notwendigen Infrastrukturausbau, gerade auf dem chinesischen Festland.

(3) Größere Bereitschaft (als bei japanischen Firmen) zum Technologietransfer, auf den die chinesische Seite sehr drängt. Das bedingt natürlich, daß wir technisch immer voraus bleiben müssen.

(4) Befürchtungen wegen des japanischen Übergewichts, vor allem auf dem Festland, weniger in den ASEAN-Ländern.

(5) Keine koloniale oder quasi-koloniale Vergangenheit.

(6) Rationalere Verständigungsmöglichkeiten zwischen uns und Chinesen im Vergleich zum schwierigeren Verhältnis mit den emotionaleren Japanern.

---

[11] Um 1990 lag mit je 5 Mrd. DM der deutsche Export nach Taiwan und in die VR China gleichauf (wobei man allerdings noch beim Festland einen Großteil der deutschen Ausfuhren nach Hongkong als Reexport nach China hinzuzählen müßte). 1994 hatte sich der deutsche Export in die VR China mit 10,2 Mrd. DM schon verdoppelt, nach Taiwan auf 6,6 Mrd. DM erhöht.

Ganz wichtig ist dabei, die „interkulturelle Lücke“ zu überbrücken (was natürlich mutatis mutandi auch für Japan gilt). Wenn man von den fünf konfuzianischen Grundformen für menschliche Beziehungen ausgeht, müßte die Verbindung von West zu Ost unter dem Raster von Freund zu Freund angestrebt werden, was u. a. eine viel bessere kulturelle und menschliche Einweisung sowie später eine längere Verweildauer unserer Wirtschaftsvertreter vor Ort bedingt.[12] „Do in China as the Chinese are doing“. Derjenige wird das beste Geschäft machen, der als guter, besser noch als sehr guter Freund gilt und dazu ein erstklassiges Produkt anbietet, wobei man sich aber durchaus auf einen knallharten chinesischen Geschäftspartner einstellen muß.

---

12 Die fünf konfuzianischen Lebensformen umfassen: Herrscher-Untertan, Mann und Frau, Pietät gegenüber den Eltern, hierarchisches Verhältnis zwischen den Kindern, Freund zu Freund-Verhältnis (vgl. zu dem sog. 6. Prinzip, Quelle 16, unter A, II).

D. Mehrere Wege führen zu unterschiedlichen Marktwirtschaften

These 6: Horizontale Marktwirtschaften im Westen, vertikale Marktwirtschaften in Ostasien. Marktwirtschaften sind nicht nach einheitlichen oder auf eine Einheitlichkeit zustrebenden Kriterien geformt, sie sind jeweils kultur- und strukturadäquat. Absage an Konvergenzüberlegungen; formale Ähnlichkeiten, aber inhaltlich andere Strukturen.

I. Wesentliche Unterschiede zwischen horizontalen Marktwirtschaften im Westen und vertikalen Marktwirtschaften in Ostasien

Diese Feststellung ist nach den bisherigen Ausführungen über unterschiedliche Transaktionsrahmen beinahe überflüssig. Der Vollständigkeit halber und weil immer wieder die Frage aufkommt, ob es denn drüben überhaupt „richtige" Marktwirtschaften gäbe bzw. ob sich diese in „unsere" Richtung entwickelten, soll doch kurz darauf eingegangen werden.

Zunächst ist festzustellen, daß es „die" richtige Marktwirtschaft in der Realität gar nicht gibt. Es gibt nur verschiedene Formen oder jeweils strukturadäquate Ausprägungen von Marktwirtschaften. Während das äußerliche Erscheinungsbild oft ähnlich ist, bleibt nämlich die Grundsubstanz jeweils anders.

Natürlich müssen einige wenige, aber wichtige Rahmenbedingungen gegeben sein, damit sich Marktwirtschaft, in welcher Form auch immer, überhaupt entfalten kann. Zu diesen Voraussetzungen gehören hauptsächlich:

(1) Motivation für wirtschaftliches Handeln, sei es im individuellen Rahmen, sei es auf Familien- oder auf Gruppenbasis. Der Einsatz muß sich lohnen.

(2) Möglichst freie Preisbildung ohne staatliche Eingriffe, „Privat"-Eigentum oder zumindest „freie" Verfügbarkeit über Produktionskapazitäten.

(3) Kontinuität und Berechenbarkeit von Politik und Wirtschaftspolitik, rechtsstaatliche Verhältnisse und Transparenz.

Mit diesen recht vorsichtigen Formulierungen oder „Obersätzen" soll von vornherein den realen Differenzierungen der marktwirtschaftlichen Grundlagen im Westen und in Ostasien Rechnung getragen werden.

Der grundsätzliche Unterschied im inneren Gefüge zwischen Marktwirtschaften zwischen Fernwest und Fernost läßt sich darauf fußend wie folgt fassen:

(1) Horizontale, d. h. von Mensch zu Mensch operierende, also egobasierte, in sich wenig integrierte bis desintegrierte (pluralistische), zergliederte Marktwirtschaften im Westen vis-à-vis

(2) vertikale, d. h. gruppen- bzw. familienbezogene, in sich integrierte, ganzheitlich funktionierende Marktwirtschaften in Ostasien.[1]

Es versteht sich von selbst, daß es im Westen wie in Ostasien wiederum erhebliche Unterschiede in den einzelnen Ausprägungen der Marktwirtschaften gibt, was jedoch an der obigen grundsätzlichen Gegenüberstellung nichts ändert.

II. Beispiele für eigenständige Marktwirtschaftsstrukturen in Ostasien

In Japan oder in Taiwan, ROC, haben sich erfolgreiche Marktwirtschaften entwickelt, die sehr spezifisch sind und, wie besonders im nächsten Kapitel E bei der Bewertung der von uns sehr unterschiedlichen Formen der Wirtschaftspolitik gezeigt werden soll, ganz erheblich von der westlichen Praxis abweichen und (Re-) Aktionen von unserer Seite verlangen.

Der Terminus „sozialistische Marktwirtschaft" in der VR China ist zwar in unseren Ohren und nach unseren Denkschemata ein „Widerspruch" in sich. Aber Japan hat, wie bereits oben ausgeführt, für uns scheinbar unvereinbar gehaltene Kräfte und Faktoren miteinander vereinbaren können. Warum sollte sich nicht auch in China Entsprechendes, d. h. Abweichendes vom Westen, entwickeln können, ja entwickeln müssen? Auf dem Festland hat sich heute nach den Wirtschaftsliberalisierungen eine verwirrende Vielzahl von Unternehmensformen im mittelständischen Bereich – neben den zumeist ineffizienten großen Staatsunternehmen – herausgebildet.[2] Die mittelständischen Betriebe werden auch von Managern zunehmend nach marktwirtschaftlichen Geschäftsprinzipien zu führen versucht. Das unternehmerische Risiko wird aber in der Regel von einem regionalen oder kommunalen Kollektiv getragen. Diese Kombination ist für uns im Westen zumindest recht gewöhnungsbedürftig. Aber warum eigentlich nicht? Schon, um der großen Kapitalknappheit zu begegnen und bisherige, dezentrale Strukturen zu nutzen.

---

1 Böttcher, Siegfried: Unterschiedliche Marktwirtschaftstypen in asiatischen und westlichen Industrieländern, Orientierungen, Dezember 1991, Seite 84 ff. Derselbe: Planrationalität und Marktrationalität, Vergleichende Betrachtung zwischen Japan und der Bundesrepublik Deutschland, in: Politik und Wirtschaft, Institut für Asienkunde, Hamburg 1983 / 84.

2 Bohnet, Armin: Chinas mittelständische Wirtschaft, Ihre Bedeutung, ihre Probleme und Ansätze zu ihrer Förderung, Gutachten für das Bundesministerium für Wirtschaft, Giessen Mai 1994.

Nichts spricht dagegen, daß diese anderen Strukturen auch künftig Bestand haben werden. Nur wir müssen diese andere Welt zur Kenntnis nehmen und sie für unsere Ziele einzusetzen wissen.

Schließlich gehört in Hongkong, diesem kapitalistischen Musterexemplar, der Grund und Boden noch der britischen Krone, aber bald dem chinesischen Staat. Es besteht kein Eigentum im westlichen Sinne. Die Produktionsanlagen stehen auf gepachtetem Boden. Das funktioniert auch und in diesem Falle ganz besonders gut.

III. Schlußfolgerung: Wir müssen uns auf eine harte weltweite Konkurrenz und auf mögliche Kooperationen im interkulturellen Kontext einstellen

These 7: Auf die anderen Transaktionsrahmen und Marktwirtschaften in Ostasien haben wir wenig Einfluß.

Für den harten Wettbewerb und für Kooperationen müssen wir unsere Gesellschafts- und Marktstrukturen so stark wie möglich machen.

Angesichts der anderen Transaktionsrahmen und Marktwirtschaften in Ostasien, die wir kaum beinflussen, geschweige denn ändern können, müssen wir alles daran setzen, unsere „westlichen“ Marktwirtschaften für den weltweit harten Wettbewerb und auch für eine Zusammenarbeit draußen so fit wie möglich zu machen.

Wir alle wissen, daß sich in Deutschland im Laufe der letzten Jahrzehnte eine Reihe von Erstarrungen, Behinderungen, sozialen Überdehnungen etc. einschleichen konnte, die das ganze System recht bewegungsunfähig gemacht und die Wettbewerbsfähigkeit stark beeinträchtigt haben. Etwas überspitzt ausgedrückt, wir sind uns in Deutschland selbst der größte Feind geworden. Das braucht aber nicht so zu sein und vor allem nicht so zu bleiben. Wir müssen energisch gegensteuern.

Es ist gut, daß heute China / Ostasien in der deutschen Wirtschaft „in“ ist. Das begünstigt notwendige Aktivitäten bei uns. Japan wird wegen seiner Zugangsschwierigkeiten und inneren Schwächemomente allerdings von der deutschen Wirtschaft eher als „out“ eingestuft und steht nicht mehr im Mittelpunkt des Interesses und möglicher Bemühungen. Das ist in gewisser Weise zu bedauern und birgt durchaus Gefahren in sich, weil Japan nach wie vor ein sehr existentieller Wettbewerber bleibt und uns und den Weltmarkt mit seinen Produkten weiter überschüttet. Wir können und sollten zwar kein „japanisches Containment“ anstreben, was nutzlos und kontraproduzent wäre. Wir müssen aber durch eigene Stärke, durch innovative Produkte der japanischen und ostasiatischen Wirtschaft unsere nach wie vor vorhandene und steigende Präsenz beweisen. Dies gilt gerade auch für die Ausfüllung neuer wirtschaftspolitischer Rahmenvorstellungen im Hinblick auf eine intensivere Zusammenarbeit auf der Basis des ASEM (Asia-Europe-Meeting), dessen erste Zusammenkunft Anfang März 1996 in Bangkok stattgefunden hat.

E. Andere Formen der Wirtschaftspolitik in Ostasien erfordern bei uns wirtschaftspolitische Konsequenzen

I. „Contest-Based Competition Policy“ = abgestimmte Industriepolitik in Ostasien und ihre Bewertung

These 8: Auch die Wirtschaftspolitiken sind in Ostasien anders als im Westen ausgerichtet. Miteinander von Wettbewerb und Kooperation, kein Gegeneinander oder Getrenntsein von Politik/Regierung sowie Wirtschaft und Gewerkschaft

Die anderen Gesellschafts- und Wirtschaftsstrukturen haben in den ostasiatischen Ländern „fast zwangsläufig“ auch zu anderen Formen der Wirtschaftspolitik geführt. So stellt die Weltbank in ihrem oben bereits angesprochenen Bericht „The East Asian Miracle, Economic Growth and Public Policy“ die neoklassische wirtschaftspolitische Linie in westlichen Ländern der selektiven, begrenzt eingreifenden und moderierenden „Contest-Based Competition Policy“ in Fernost gegenüber.[1] Diese beinhaltet zwar auch eine allgemeine Wettbewerbspolitik, basiert aber auf von der Regierung eingeleiteten und moderierten Einzelwettkämpfen und zeitweiligen, vorwettbewerblichen Kooperationen der Firmen miteinander und ist zu diesem Zweck entsprechend ausgerichtet. Sie ist als eine in sich abgestimmte „ganzheitliche“ Wettbewerbs-, Industrie-, Technologie- und Handelspolitik zu kennzeichnen.

Die Wettbewerbspolitik drüben ist nicht als ein Gegenüber von wirtschaftspolitischem Rahmen einerseits und der Wirtschaft mit Wettbewerb andererseits wie bei uns, sondern als ein Miteinander, als ein Sowohl-als-Auch von Wettbewerb und Kooperation zu verstehen.

Die Weltbank vergleicht diese andere Politik wie folgt: „Laissez faire and free play work. But a well-run contest, like a party game can generate even better results, by providing a focus for competition and industry participants to cooperate as they compete.“ Dieser Aussage ist nichts hinzuzufügen, sie stimmt grosso modo.

Deshalb ist auch die hier oft gestellte Frage, ob z. B. die Japaner eine Industriepolitik haben und ob diese als erfolgreich zu beurteilen ist oder nicht, schlicht überflüssig und offenbart nur unsere Unkenntnis. Natürlich haben die Japaner nach

---

1 A World Bank Policy Research Report, a. a. o., siehe insb. Seite 94.

der Meiji-Restauration seit den 60er Jahren des vergangenen Jahrhunderts bis heute ganz bewußt eine Industriepolitik betrieben. Diese war insgesamt auch erfolgreich,[2] wenn natürlich auch Fehler aufgetreten sind. Ohne eine solche Politik wäre aber die Entwicklung in Japan, ähnliches gilt für Taiwan und Südkorea, nicht so schnell und günstig verlaufen. Dies gilt insb. für den konsequenten und schnellen Abbau von sog. Sunset-Industrien, d. h. für abzubauende Industriezweige, aber auch für eine partielle Nichtbefolgung von Vorschlägen des MITI durch die japanische Großindustrie mit eigenen, z. T. der MITI-Meinung entgegengesetzten Erfolgen in mehreren Industriebereichen.

Diese andere Politik drüben war und ist aus den dortigen Strukturen und Verhaltensweisen her angelegt. Wir dürfen dies nicht mit unseren westlichen Maßstäben messen wollen. Auch unser westlicher Einwand, wonach Industriepolitik „picking up the loosers" bedeutet oder zumindest bedeuten kann, ist für Ostasien nicht recht stichhaltig. Die dortigen Marktwirtschaften weisen eine ziemlich gute Such- und Abstimmungspraxis für das auf, was künftig relevant sein dürfte, und reagieren wesentlich schneller als wir auf Gefahrenmomente und Chancen. Allerdings ist diese Art von Wirtschafts- und Industriepolitik in Ostasien mit dem dadurch forcierten „export-led drive" nach draußen „zu Lasten" unserer offenen Volkswirtschaften (mit entsprechenden Wohlstandsgewinnen unserer Konsumenten) gegangen und nur so möglich gewesen.

II. Beispiele für andere wirtschaftspolitische Konzeptionen und Aktivitäten in Ostasien

Japan hat z. B. trotz einer japanisch-amerikanischen Selbstbeschränkung beim Autoexport Anfang der 80er Jahre ganz „pfiffig" den Wettbewerb aufrecht erhalten können. Das MITI hat nämlich die Gesamtexportquote nicht einfach aufgrund einer Referenzperiode unter den Exporteuren aufgeteilt. So hätte man es bei uns gemacht, und dann wäre in der Tat der Wettbewerb unter den Autoexporteuren zum Erliegen gekommen. Nein, die Gesamtquote wurde nur partiell aufgeteilt, und der Rest der „USA-Quote" wurde erst nach den Exportergebnissen auf anderen, nichtbeschränkten Märkten verteilt. Damit spielte der Wettbewerb wieder, wurde sogar weiter angeheizt.

Entscheidend für die schnelle Entwicklung in Japan gerade bei hochtechnischen, innovativen Bereichen ist aber vor allem gewesen, daß das MITI wichtige, in Konkurrenz zueinander stehende Großunternehmen jeweils zu einer zeitlich beschränkten F&E-Anwendungszusammenarbeit „zusammengespannt" hat. Wenn sich die gemeinsame vorwettbewerbliche Anwendungsentwicklung unter MITI-Moderati-

---

2 Kokal, Ljuba; Albach, Horst: Industriepolitik in der Marktwirtschaft – Ein internationaler Vergleich – Schriften zur Mittelstandsforschung, Nr. 20 NF, Stuttgart 1987.

on als erfolgreich abzeichnete, wurden und werden die Firmen wieder „in die Freiheit“ und in den Wettbewerb entlassen. Sie konnten dann innovative Produkte fertigentwickeln, produzieren und sich einen harten Innovationswettbewerb liefern. Der wichtige Wettbewerb litt also keineswegs unter der zeitweiligen Zusammenarbeit. Im Gegenteil. Allerdings ist es für das MITI mit dem Erstarken und höherem Selbstwertgefühl der japanischen Wirtschaft schwieriger geworden, die Firmen zusammenzuhalten. Eine gute Moderation setzt allemal eine starke Regierung und gemeinsam erarbeitete Visionen für die Zukunft voraus.

Ähnliche Beispiele wie zu Japan führt der o. a. Weltbankbericht auch für die Industriepolitik in Taiwan und Südkorea auf.

Führende Politiker und hohe Ministerialbeamte in Japan und Taiwan haben zudem wiederholt darauf hingewiesen, daß zwar auch Angebot und Nachfrage spielen sollten, man sich aber zur besseren Steuerung der Wirtschaftsentwicklung selektiver Eingriffe bedienen müsse. Das sind keine Gegensätze!

Eine derartige Ziel-Ergebnis-Ausrichtung drüben sollte die deutsche wie die EU-F&E-Politik zum Nachdenken bewegen. Denn bei uns laufen derartige Prozesse schlechter, kostenträchtiger und mit geringeren Ergebnissen ab. Man hat eher den Eindruck, daß wir zwar für absterbende Industriezweige wie Bergbau oder Werften eine hinhaltende, „abfedernde“, vor allem kostspielige Industriepolitik betreiben, aber weitaus weniger zukunftsorientiert die knappen Mittel einsetzen.

III. Schlußfolgerung: Handeln ist das Gebot der Stunde im Innen- wie im Außenverhältnis

These 9: Wir müssen (re-)agieren:

(1) im Innenverhältnis die drei Selbstblockaden aufbrechen: deregulieren, innovative Kräfte freisetzen und die Wirtschafts- und Technologiepolitik über einen intensiven Dialog zwischen Politik, Wirtschaft und Gewerkschaften mit (dezentraler) Moderation weiterentwickeln;

(2) im Außenverhältnis mehr Marktöffnung und mehr Markterschließung., auch mit unkonventionellen Mitteln, anstreben. Vom Drei-Säulen-Vorgehen zum Fünf-Säulen-Konzept kommen.

Beide Bereiche im Innen- wie Außenverhältnis sind eng miteinander verzahnt. Einzelne Handlungsvorschläge dazu sollen in Kapitel G, II zusammengefaßt dargelegt werden.

F. Umdenken bei Unternehmern und Gewerkschaften tut not: Von der Konfrontation zum Miteinander im 21. Jahrhundert

These 10: Unternehmer und Gewerkschaften müssen umsteuern im Innen- wie im Außenverhältnis. Abkehr vom Konfrontationsdenken zwischen Unternehmern und Gewerkschaften, bessere Einbettung in eine zukunftsgerichtete flexible Gesellschaft.

I. Problemaufriß: Schlechtes Management, nicht mehr zeitgemäße Arbeitgeber-Arbeitnehmer-Beziehungen und überholtes Konfrontationsdenken

Neben der bereits angesprochenen Lücke bei innovativen Produkten sind die hohe Kostenbelastung und die hohen Preise im Vergleich zu Ostasien ein ganz großer Hemmschuh und kennzeichnen den problematischen Wirtschaftsstandort Deutschland. Deutsche Unternehmer und Gewerkschaften haben zu lange auf dem Standpunkt verharrt, daß die (anerkannt) guten deutschen Produkte trotz hoher Preise schon ihre Abnehmer finden würden, und gemeinsam kräftig an der Lohnschraube gedreht.

Diese relativ bequeme Lage hat sich jedoch seit dem Ende der 80er Jahre dramatisch geändert, denn andere Industrieländer und Schwellenländer haben in der Qualität sowie bei innovativen, technisch nicht überfrachteten Produkten (kein over-engineering, kein sog. Germanizing) aufgeholt und bieten zu günstigen Preisen an.

Bei seinem Besuch im Sommer 1994 in Deutschland sagte der chinesische Premier Li Peng, daß die deutschen Produkte zwar gut seien und in China auch geschätzt würden. Aber, so fügte er listig außerhalb des Redetextes hinzu, die Preise seien viel zu hoch und müßten von der Bundesregierung subventioniert werden. Darauf erhielt er unangebrachterweise spontanen Beifall von den deutschen Wirtschaftsvertretern. Für Li Peng war eine solche Forderung ganz selbstverständlich, sie entsprach nämlich der chinesischen Praxis bei den vielen ineffizienten Großbetrieben im eigenen Land. Für uns ist jedoch eine solche Forderung – einmal abgesehen von dem von Li Peng auch beabsichtigten Ausspielen der deutschen Wirtschaft gegenüber anderen Konkurrenten – ein überdeutliches Alarmsignal. Zwar sind einige deutsche Großprojekte in China, um den Auftrag überhaupt zu bekommen, über den Entwicklungshilfehaushalt heruntersubventioniert worden. Das war möglich, weil China als Entwicklungsland eingestuft ist, und als „Eintrittspreis“

auch vertretbar. Eine solche Praxis kann jedoch nicht ad infinitum fortgeführt werden. Einmal stehen Haushaltsmittel hierfür nicht unbegrenzt zur Verfügung. Zudem würde dadurch ein ganz erheblicher wirtschaftspolitischer und betriebswirtschaftlicher Schaden entstehen sowie falsche Signale gegeben werden.

Ein solches Vorgehen ist aber auch gar nicht nötig, wenn bei den vielen „Verregulierungen", beim Mißbrauch im Sozialbereich, bei der hohen Besteuerung und im Management der deutschen Unternehmen wirklich einmal „aufgeräumt" würde. Wir alle wissen, daß eine Reihe interner Faktoren zu unserem prekären Kosten- und Preisproblem geführt hat. Dieses ist aber keineswegs unser unabänderliches Schicksal; es ist durchaus noch variabel. Nur wir müssen endlich handeln!

Das beginnt bei den überholten Arbeitgeber-Arbeitnehmer-Beziehungen mit zu hohen Lohnforderungen und zu hohen Lohnzugeständnissen in einem bislang nicht kontrollierbaren Lohnkartell. Dann folgen die durch überzogene Sozialvorgaben und -leistungen überhöhten Lohn-zusatz-kosten, die nicht mehr aufzubringen sind.

Die überzogenen Löhne geraten immer stärker in die Kritik, und Firmen treten zunehmend aus den Arbeitgeberverbänden aus, um nicht mehr an das flächendekkende Lohndiktat gebunden zu sein. Auch der soziale Overstretch durch zu hohe Sozialleistungen steht z. Z. auf dem Prüfstand. Es ist also Bewegung in die erstarrte Landschaft gekommen. Vielleicht können das Anfang November 1995 von der IG Metall vorgeschlagene „Beschäftigungspaket" und das von der Bundesregierung angestrebte „Aktionsprogramm für Investitionen und Arbeitsplätze" dabei helfen, aber wohl besser auf dezentraler, betrieblicher, weniger auf zentraler Ebene. Das bedeutet ein Abschiednehmen von altgewohnter, korporatistischer Verbandspraxis.

Ganz entscheidend ist, daß wir überflüssiges Konfrontationsdenken endlich dort belassen, wo es hingehört, und zwar in das 19. Jahrhundert, allenfalls noch in die erste Hälfte des 20. Jahrhunderts. Dieses Denken kann nicht mehr als Maxime im angehenden 21. Jahrhundert weiterhelfen. Dieser in Ritualen erstarrte Dualismus trägt einfach nicht mehr, er wirkt sich immer schädlicher für die deutsche Volkswirtschaft und das Arbeitslosenproblem aus. Wir müssen zu einem ganzheitlicheren Verhältnis zwischen Unternehmern und Arbeitnehmern finden!

Das gewerkschaftliche Denken und das deutsche Management sind veraltet und produzieren selbst zu hohe Kosten. Bei einem Vergleich mit dem japanischen Management schneiden wir deshalb auch schlecht ab und haben erheblichen Lern- und Nachholbedarf. Schätzungen über mögliche Kosteneinsparungen durch Verbesserungen im Management wiesen im Sommer 1993 für Mercedes-Benz zweistellige Größenordnungen für die Zukunft auf.[1] Der Vorstandsvorsitzende der

1 RKW: Zwischen Vision und Realität, Bestandsaufnahme und Perspektiven von Lean Production und Lean Management, Zweite RKW-Fachtagung 1993, unveröffentlichte Rohfassung.

Daimler Benz AG Schrempp hat bei einem aktuellen Kolloqium der Konrad-Adenauer-Stiftung am 27. November 1995, also 1 $^{1}/_{2}$ Jahre später, auf eine Frage des Verfassers bestätigt, daß bei der Mercedes-Mittelklasse und dem Transporter zwischenzeitlich in der Tat – zur eigenen Überraschung – Kosteneinsparungen von 20 bis 30 v. H. erzielt werden konnten und daß weitere Einsparungen möglich sind. Das ist partiell sehr erfreulich.

Eine im Auftrag des Bundesministeriums für Wirtschaft erstellte Studie des Fraunhofer-Instituts für Systemtechnik und Innovationsforschung (ISI) über „Neue Produktions- und Organisationsformen in der deutschen Industrie" vom Frühjahr 1995 kommt jedoch zu dem insgesamt beunruhigenden Ergebnis, daß bislang nur zwischen einem Fünftel bis zu einem Drittel der deutschen Industrieunternehmen die Chancen neuer Produktionskonzepte genutzt haben. „Die Ursachen dafür, daß Unternehmen die Chancen der neuen Konzepte nicht nutzen, liegen vor allem in den Unternehmen selbst. Der Kern liegt in der strategischen Orientierung, aber auch in der Unsicherheit der Unternehmen, den Nutzen und den notwendigen Umstellungsaufwand für die Einführung der neuen Konzepte einschätzen zu können, und in der mangelnden Veränderungsbereitschaft des Managements begründet".[2]

Sehr große, nicht ausgeschöpfte Verbesserungspotentiale liegen demnach in den Bereichen Arbeitsorganisation, Personalführung und Qualitätssicherung. Auf diesen ureigensten Aufgabengebieten des Managements werden also trotz laufender Aktivitäten und einer vergleichsweise sehr qualifizierten Arbeitnehmerschaft immer noch entscheidende Chancen vertan.

Beunruhigend ist ferner, daß derart gravierende Managementprobleme noch ziemlich wenig in der Öffentlichkeit bekannt sind und zu wenig diskutiert werden. Diese Probleme werden zwar nicht totgeschwiegen, haben jedoch noch nicht die ihnen gebührende Aufmerksamkeit gefunden.[3] Diese Aussage ist keineswegs als ein Anprangern unfähiger Manager allein gemeint. Denn unsere Managementmisere ist doch nur als Teil der großen Unbeweglichkeit der deutschen Gesellschaft insgesamt zu verstehen, aus der wir wieder herauskommen müssen. Diese Misere haben wir selber zu vertreten und zu verändern, können sie nicht den nachdrängenden Wettbewerbern von draußen anlasten. Diese Probleme lassen sich auch nur partiell durch eine bequeme Auslagerung von Produktionen ins Ausland verlagern. Man sollte gerade die „inneren Reserven" im Inland auszuschöpfen versuchen.

Wir sind also noch lange nicht über den Berg, die internen strukturellen Probleme sind noch nicht aus der Welt geschafft. Diese Einschätzung wird auch von einer

---

2 Neue Produktions- und Organisationsformen in der Industrie, Bestandsaufnahme und Analyse der wirtschaftspolitischen Implikationen, Forschungsauftrag 39/93 des Bundesministeriums für Wirtschaft, Fraunhofer-Institut, April 1995.

3 Ogger, Günter: Nieten in Nadelstreifen, Deutschlands Manager im Zwielicht, München 1992.

Studie über weitgehend ungelöste Probleme bei Komponentenzulieferanten[4] im Automobilbereich und durch eine Gegenüberstellung von amerikanischem, japanischem und deutschem Management bestätigt.[5]

Bislang ist die „Managementbereinigung" weitgehend über Entlassungen, hauptsächlich zu Lasten der Arbeitslosen- und Rentenversicherung sowie über ein „Ausquetschen" der Zulieferanten gelaufen. Das genügt aber bei weitem nicht, es müssen wirkliche Managementumstellungen und Verhaltensänderungen hinzukommen. Nach der o. a. Drei-Länder-Vergleichsanalyse sind die deutschen Manager zwar lernfähig und umstellungswillig. Aber die Ausgangslage im Vergleich zu den USA und Japan ist schlecht. Die Erarbeitung und die Durchführung neuer Konzepte ist oft zu bürokratisch und zu schwerfällig. Es kommt hinzu, daß die Manager-Angestellten in Großunternehmen mit ihren, seit den guten Zeiten stark überhöhten Bezügen wenig Solidarität mit den freigesetzten Arbeitern zeigen und auch hier eine soziale Schieflage entstanden ist. Das Preis-Leistungs-Verhältnis stimmt hier ebenfalls nicht mehr, ganz zu schweigen von der Scheu, mehr in innovative Produkte einzusteigen.

Es steht außer Frage, daß wir, wenn wir aufgeholt haben sollten, erheblich besser – auch ohne Exportsubventionen! – in und mit Ostasien konkurrieren und zusammenarbeiten könnten. Das Rationalisierungskuratorium der deutschen Wirtschaft (RKW) bereitet zur Zeit eine Veröffentlichung über schon erfolgte positive Managementumstellungen in deutschen Unternehmen vor, um damit anderen Unternehmern Mut zu machen.[6] Besonders ermutigend in dieser Publikation ist ein Beitrag, wonach eine bessere und effizientere Gruppenarbeit durchaus auf einer ganzheitlicheren Zusammenarbeit deutscher hochqualifizierter Facharbeiter Platz greifen könnte. Damit ist ein eigenes, gewachsenes Modell angesprochen, das nur angepaßt und verbreitert eingesetzt werden müßte. Das könnte zukunftsweisend werden!

Ein Beispiel hierfür ist der Autozulieferer Ymos, der mit Fertigungsinseln auf der Basis von qualifizierter Gruppenarbeit heute wieder in die Gewinnzone gekommen ist.

---

4 FASt-Studie, Nr. 21, Reaktionen in der Krise – Beschäftigungsabbau, Arbeitszeitverkürzung, Einkommenseinbußen und dann auch noch Business Reenginering in der Deutschen Automobilindustrie, Manuskript, Berlin Dezember 1994.

5 Droege & Comp.: Unternehmensorganisation im internationalen Vergleich, Struktur, Prozesse und Führungssysteme in Deutschland, Japan und den USA, Frankfurt, New York 1995.

6 Wirth, Hoß (Hrsg.): Wege zur innovativen Organisation: Beispiele für neues Denken und Handeln in industriellen Unternehmungen, Stuttgart 1996.

II. Andere Verhaltensweisen bei japanischen Unternehmern und betriebsinternen Gewerkschaften, andere und bessere Ergebnisse

In japanischen Unternehmen herrschen andere Verhaltensweisen vor:[7]

(1) Aggressives Marktanteilsdenken gegenüber kurzfristiger Gewinnmaximierung und (über-)vorsichtigem unternehmerischen Handeln bei uns.

(2) Gesamtheitsdenken für das ganze Unternehmen statt einer tayloristischen Arbeitsaufsplitterung und einem Nur-Jobdenken.

(3) Es gibt deshalb auch keine Stellenbeschreibungen in unserem Sinne.

(4) Alle Arbeiter arbeiten in Teams zusammen und können für alle Arbeiten eingesetzt werden.

(5) Jeder kann das laufende Band anhalten, tut dies aber in aller Regel nicht, denn

(6) Null-Fehler sind die Devise. Es gibt keine (oder nur wenige) durch direkte Arbeiter eingebaute Fehler, die, wie bei uns, erst durch indirekte Arbeiter mit hohen Kosten wieder beseitigt werden müssen. Keine Suche nach dem Schuldigen, denn alle streben nach dem Optimum.

(7) Keine Überorganisation, keine überflüssigen Hierarchiestufen.

(8) Betriebsinterne Gewerkschaften (nur für Großbetriebe, kleine und mittlere Betriebe haben überhaupt keine Gewerkschaften) mit auf den Betrieb abgestellten Löhnen und auf die Umsatzentwicklung bezogenen Bonus-Zahlungen.

(9) Kommunikationsfreudigkeit im Betrieb, Selbstregulierung und ständige Verbesserung (Kaizen), ständige Rückkoppelung.

(10) Enge Zusammenarbeit mit den Zulieferanten bei F&E und just-in-time-Anlieferung statt großer Materiallager, hoher Eigenanfertigung mit hohen Kosten.

(11) Relativ geringe Einkommen der Manager-Angestellten, was sich besser in die „Gesamtlandschaft“ einpaßt.

Es liegt auf der Hand, daß ein derartiges Zusammenspiel bessere Ergebnisse, d. h. gute Produkte mit günstigen Kosten und Preisen bringt. Natürlich führen der hohe Yen und die dadurch erzwungenen Auslagerungen von Produktionsstätten auch in Japan zu Problemen, aber das o. a. Grundmuster der Zusammenarbeit ist doch weiter vorhanden.

---

[7] Schneidewind, Dieter: Das japanische Unternehmen, uchi no kaisha, Berlin 1991.

III. Schlußfolgerung: Abkehr vom Gegeneinander zu einer zukunftsgerichteten Gemeinsamkeit

Einzelne Überlegungen zur Verbesserung unserer Wettbewerbsfähigkeit über mehr Gemeinsamkeit sind in der Zusammenfassung in Kapitel G, III aufgeführt.

G. Versuch einer Gesamtsicht: Die harte Konkurrenz zwischen unterschiedlichen Kultur- und Wirtschaftssystemen erfordert durchgehende Verhaltensänderungen und umfassende Maßnahmen bei uns

Ich bitte um Nachsicht, wenn wegen des Gesamtkontextes oben bereits vorgebrachte Gedanken im folgenden nochmals kurz angesprochen werden, um dann in weiterführende Handlungsvorschläge einzumünden.

I. Religiös-geistige Schieflage und Neuinterpretation westlicher Werte, mit Handlungsvorschlägen

These 11: Von der „Negativ-zur Positivgesellschaft“,
Neuinterpretation christlicher Basiswerte,
Bürgerinitiativen und politische Parteien sind gefordert.

In den Kapiteln A und B wurde dargestellt , daß der Wettbewerb mit Ostasien insbesondere auch eine religiös-geistige Komponente aufweist. Hier haben wir große Schwächen und entsprechenden Korrekturbedarf.

Eine Reihe von Überlegungen könnte für diesen notwendigen Prozeß dienlich sein:

1. Positiver denken, ein Feld für Bürgerinitiativen und Parteien

Wir müssen versuchen, im Alltag positiver und dankbarer zu leben. Positive Vorbilder statt einer Fülle von Negativismen sollten mehr in den Vordergrund gestellt werden. Wir alle müssen uns immer vor Augen halten, welch’ verheerende Auswirkungen ein dauerndes Heruntermachen, oft eine Kritik um der bloßen Kritik willen, ausübt.

Sinnvolle Bürgerinitiativen könnten hier ansetzen und Positivbeispiele sichten, präsentieren und verbreiten. Nicht umsonst ist z. B. das Buch „Positives Denken“ von Dale Carnegie auch in Deutschland ein solcher Bestseller geworden. Vielen Menschen ist einfach die ständige Miesmacherei, die ständige Bedenkenträgerei zu einem großen Ärgernis geworden. Eine solche Kritik „quer Beet“ ist häufig schon „irreales Theater“ und Ausdruck einer fehlgeleiteten, manchmal krankhaft anmutenden Einstellung.

2. Mehr Gesamtverantwortung der Medien, mehr positive Zukunftsorientierung der politischen Parteien

Mehr Gesamtverantwortung, mehr Disziplin ist gerade von den deutschen Medien gefragt. Das hat nichts mit Schönfärberei, viel aber mit Augenmaß, realistischer Berichterstattung und Gesamtverantwortung zu tun. Daß so etwas geht und es gerade auch Freude über Erreichtes zu vermitteln gilt, zeigen Berichte süddeutscher Fernsehanstalten im Vergleich zu den oft deprimierenden Berichten anderer Fernsehanstalten Deutschlands.

Es gilt, dem weiteren Abbau unserer Werte konsequent und energisch entgegenzutreten. Dies gilt ganz besonders für uns Deutsche, da wir neben anderen Weltmeistertiteln wie den höchsten Löhnen, der besten sozialen Absicherung, den längsten Urlaubs- und Krankheitszeiten auch den Weltmeistertitel im Klagen und Lamentieren sowie in der Vorhersage düsterer Entwicklungen führen könnten. Warum beanpruchen wir nicht abwechslungshalber einen Weltmeistertitel im berechtigten Loben und in Anti-Miesmacher-Stellungnahmen? Das müßte doch bei der hochgepriesenen Medienlandschaft möglich und präsentabel sein. Also nicht immer nur das halbleere Glas, sondern einfach häufiger auch mal das halbvolle Glas in den Vordergrund stellen.

Die politischen Parteien sollten sich dieser Zukunftsorientierung mehr annehmen, z. B. die Notwendigkeit und Bejahung einer Technologiegesellschaft, tragbare Versöhnung von Ökonomie mit Ökologie etc. , aber nicht mit Vorliebe nachrangige Fragen aufgreifen oder unbezahlbare Wolkenkuckucksheime fordern. Politische Parteien sollten Trendsetter sein. Zukunftsthemen müssen von ihnen mehr und positiv besetzt, über Preisausschreibungen und andere Anreize nach vorn gerückt werden. Sie müssen „Vorausdenker“ werden.

3. Es hinterfragt und negativiert sich so schön, bringt aber nichts mehr

Natürlich ist eine solche Umorientierung nicht einfach zu bewerkstelligen, weil ein ungehemmtes, häufig sogar unbegründetes „Heruntermachen“ so eingeübt, so eingeschliffen ist. Es hinterfragt, es nichtet sich so schön, wem aber nützt es noch?

Wir sollten uns stets klarzumachen versuchen, daß diese Haltung häufig nur eine modische und intellektuelle Spielerei, gemischt mit Machttrieben ist; sie ist schlicht überflüssig und zudem gefährlich. Man möchte interessant wirken und nur sein vermeintliches, nicht aufgearbeitetes „Ego“ herausstellen.

Wenn eine problematisierende Nachricht über eine dann folgende „innere Reinigung“ noch etwas bewirken würde, könnte sie durchaus angebracht und notwendig sein. Meist ist das aber gar nicht mehr beabsichtigt. Ganz überwiegend lassen uns die vielen „Problematisierungen ohne Lösungsvorschläge“ nur auf einer tieferen Ebene orientierungs- und ratloser zurück. Nicht von ungefähr ist das deutsche Wort

„Angst“ in allen möglichen Facetten heute zu einem der wenigen deutschen Lehnworte im Ausland geworden. Mit ständiger Angst im Gepäck läßt sich jedoch die Zukunft nicht gewinnen. So wird die vielgepriesene Informationsgesellschaft zur biblischen Plage. Abschalten und nicht mehr Zuhören ist häufig die einzige Rettung.

4. Von Ostasien lernen

Wir könnten durchaus einiges von Ostasien lernen. Dort werden heute ganz bewußt asiatische Werte- und Orientierungsvorstellungen – im Gegensatz zum hin- und herschwankenden, permissiven, d. h. alles zulassenden Westen – in den Vordergrund gestellt und gelebt. Außenminister Kinkel wurde z. B. im Sommer 1994 auf einer Europa-ASEAN-Tagung, als er sich bei seinem singapurianischen Kollegen für einen verurteilten holländischen Drogenhändler verwandte, unter Hinweis auf die anderen asiatischen Werte brüsk zurückgewiesen. Der Drogenbezichtigte wurde hingerichtet. Es sei dahingestellt, ob dies die „richtige“ Methode war. Sie kennzeichnet aber eine klare Linie, an die man sich drüben als Richtschnur zu halten hat.

5. Nach inhaltlichen Werten ausrichten

Wir müssen uns auch im Westen wieder nach klaren inhaltlichen, nicht mehr nur nach überwiegend formalen Werten auszurichten lernen. Das sichert unsere Zukunft besser ab, als wenn wir uns im Nebel und Durcheinander bewegen und dies noch als positive und liberale Ausrichtung auszugeben versuchen.

Graham Greene hat einmal den schrecklichen, aber wahren Satz geprägt, wonach man den Menschen nur die völlige Freiheit zu geben braucht, um diesen die Hölle auf Erden zu bereiten. Manchmal hat man in Deutschland den Eindruck, daß wir uns mit dem Orientierungs- und Werteabbau schon in einer Art „Vorhölle“ aufhalten. Das ist äußerst gefährlich, zumal gerade Ostasien bewußt an positiven Werten festzuhalten versucht und sich damit in der stärkeren Position und Offensive befindet. Wir müssen von dem überstrapazierten Rechtekatalog für den Einzelnen wieder herunterkommen und diesem wieder einen gleichgewichtigen Pflichtenkatalog gegenüberstellen.

Hier sind auch die politischen Parteien endlich gefordert. Das bedeutet nicht die Rückwendung zu angeblich überholten Werten, sondern die Beschneidung eines weit überzogenen Egotrips und eine Neuinterpretation westlicher Wertevorstellungen. So sind wir nicht nach vorn gekommen und würden es auf Dauer auch nicht bleiben.

6. Multikulturelle Gesellschaft nur auf der Basis eigener Stärke

Die Forderung nach einer multireligiösen, multikulturellen Gesellschaft hilft auch nicht viel weiter. Der darin ausgedrückte Toleranzgedanke ist zwar richtig, nur enthebt dieser uns nicht von der Pflicht und Schuldigkeit, der eigenen westlichen Werte bewußt zu sein und zu bleiben. Wir können ja nicht die christlich fundierten Werte durch „Importe“ ersetzen wollen und dann so tun, als wenn durch diese „Toleranz“ etwa alles wieder in Ordnung ist. Im Gegenteil. Wahre Toleranz setzt eigene Stärke, nicht Schwäche voraus. In diesem Zusammenhang ist auch das inhaltlich falsche Kruzifix-Urteil des Bundesverfassungsgerichts – nämlich als ein weiterer Orientierungsabbau – zu sehen, ganz abgesehen davon, daß das Minderheiten-Votum durchaus juristisch sehr vertretbare, ja überzeugende Argumente für ein gegenteiliges Urteil enthält. Auch die Mehrheit, die dieses Urteil nicht akzeptiert, sollte zu ihrem Recht kommen!

Der Westen kann auch nicht andere, etwa ostasiatische religiös-geistige Ausrichtungen übernehmen wollen. Derartige Unterfangen sind in der Geschichte schon des öfteren schiefgegangen. So ist z. B. in der römischen Antike, wo römische Götter mit griechischen Göttern gleichgesetzt wurden und noch eine Reihe vorderasiatischer Gottheiten dazukam, schließlich die zusammenfassende Idee, die Reichsidee, abhanden gekommen und das Imperium auseinandergebrochen.

Nein, wenn wir uns nicht aufgeben wollen, muß eine „eigene Wertestruktur“ ausschlaggebend sein und bleiben. Andere Wertestrukturen sollten daneben durchaus toleriert werden, mehr aber nicht.

7. Konservativ-progressiv als Leitmotiv

In Ostasien kann man das motivierende Leitmotiv von der Religion bis zur Wirtschaft als konservativ-progressiv umreißen. Dieses Gegensatzpaar ist kein Widerspruch in sich, es erzeugt vielmehr ein fruchtbares Spannungsfeld.

In der Nachkriegszeit haben wir in Deutschland häufig und ohne Not entgegengesetzt gehandelt. Wir haben so getan, als brauchten wir z. B. keine Eliten oder in den Schulen keinen orientierenden Geschichts- und Deutschunterricht mehr. Alles sollte im luftleeren, im rein-rationalen Raum, ohne geschichtliche und emotionale Bindungen vor sich gehen. Das konnte nicht gut gehen. Man braucht sich dann nicht zu wundern, wenn die Jugend nicht mehr zu begeistern, die Gesellschaft nur noch schlecht zu steuern ist. Dann bleibt oft nur der Konsumerismus ohne menschliche Verantwortung zueinander übrig. Die beklagte, aber von uns selbst verursachte menschliche Kälte dringt ein, die Selbstentfremdung des Menschen macht sich breit. Dazu haben wir uns noch eine immer weitergehende Auflösung des gesellschaftlichen und eine Verregulierung des wirtschaftlichen Lebens „geleistet“ sowie eine immer noch wachsende Technologie- und Zukunftsfeindlichkeit herangezüchtet. Wir weisen heute im Ergebnis eine, sich zunehmend selbstblockierende, weitgehend ziellos gewordene Gesellschaft auf. Alles sind eigene, hausgemachte Probleme, die es zu verändern gilt.

8. Lichtblicke in Deutschland

Es gibt in Deutschland erfreulicherweise auch Lichtblicke. Diese sind vornehmlich im süddeutschen Raum auszumachen. Es kommt nicht von ungefähr, daß Bayern in so kurzer Zeit von einem überwiegenden Agrar- und Ferienland zu einer modernen High-Tech-Region geworden ist. Das hat seine tieferen Gründe: neben einer klugen Gesellschafts-, Wirtschafts- und Technologiepolitik auch in einer überkommenen und bewußt gepflegten konservativ-progressiven Grundstimmung.

Heute ist nicht mehr allein eine protestantische / kalvinistische Ethik als Motor der Wirtschaft auszumachen – man braucht nur auf die herabgewirtschaftete Industriegesellschaft Großbritanniens zu sehen. Entscheidend für den Fortschritt ist vielmehr eine gelebte soziale und religiös fundierte Gemeinsamkeit, die Freude am Erreichten und am Setzen klarer Ziele hat. Das fängt bei Berichten über Land und Leute an und reicht bis zu einer zukunftsorientierten Kultur-, Bildungs-, Wirtschafts- und Technologiepolitik, wiederum in Bayern oder auch in Baden-Württemberg.

Dies könnte auch für andere Teile Deutschlands Vorbild und Ansporn sein, es besser als bisher zu machen. Vielleicht kann man auch schon einige Zeichen dahingehend deuten und extrapolieren, daß wir in Deutschland den Tiefststand an Orientierungslosigkeit schon hinter uns gelassen haben. Vielleicht sollte man den „Selbstreinigungskräften" mehr vertrauen. Hinzu kommt, daß wir Deutschen immer (nur) dann gut sind oder werden, wenn wir wirklich gefordert sind. Fühlen wir uns durch Ostasien endlich herausgefordert!

9. Journalistische und gesellschaftspolitische Umorientierung kann nur der Anfang sein

Eine journalistische und gesellschaftspolitische Umorientierung kann jedoch nur ein Anfang sein. Wir müssen noch tiefer ansetzen. Der religiös-kulturelle Abbauprozeß in den westlichen Ländern weist bereits eine sehr lange Tradition auf. Der westliche Rationalismus hat seinerzeit zwar aus der Scholastik des Mittelalters herausgeführt und den Weg in eine moderne Industrialisierung bereitet, aber der „kritische Geist", einmal aus der Flasche entlassen, hat auch zunehmend die eigentlichen Grundlagen unserer westlichen Existenz angenagt und heute immer mehr in Frage gestellt. Das 19. Jahrhundert ist einmal als das „Jahrhundert gegen Gott" bezeichnet worden, das 20. Jahrhundert war bereits das „Jahrhundert ohne Gott", wie es Müller-Armack nach dem letzten Kriege treffend bezeichnet hat.[1] Mit welcher Orientierung wollen wir eigentlich das nächste Jahrhundert überleben?

Die heutige „religiöse Landschaft" ist nicht gerade vielversprechend. Häufig wurden in letzter Zeit von den Kirchen nur Rückzugsgefechte geführt oder oberflächliche Anpassungen vorgenommen. Das hat aber nicht weiter geführt, im Gegenteil. Dem Protestantismus, der in der Anpassung und Kritik am weitesten vorangeschritten ist, sind genau wie dem Katholizismus die Gläubigen davongelaufen. Dieser oberflächliche Weg scheint nicht weiter zu führen.

Was aber ist zu machen?

10. Christentum neu interpretieren

Wir alle sollten versuchen, mehr zum eigentlichen Kern, zum christlichen Mythos vorzustoßen, historischen Ballast abzuwerfen und einseitige, nur auf Machterhalt abzielende und nicht mehr tragende Ansprüche der Kirchen beiseite zu schieben. Im Vergleich zu den ostasiatischen religiösen Stromsystemen erscheint mir als Laien das nach wie vor revolutionär Neue im Christentum über all' die Jahrhunderte die Liebe zu dem und das Mitleid mit dem unbekannten Nächsten (mit dem man eben nicht in Familien- oder Gruppenbeziehungen wie in Ostasien stehen muß) zu sein.

Dieses bedingungslose Prinzip wird m. E. viel zu wenig verkündet und gelebt. Diese Kraft zusammen mit der personalen Beziehung zu Gott wird in der „Konkurrenzsituation" zu anderen Wertesystemen viel zu wenig ausgespielt.

Das bedeutet aber auch Seelsorge am Nächsten, am einzelnen Individuum, was voraussetzt, daß der Seelsorger selbst noch daran glaubt. Diesen Eindruck bekommt man nicht immer vermittelt, wenn man kirchliche Verlautbarungen liest oder Predigten hört. Überholtes Machtstreben über den Menschen oder das sichtliche Bemühen, an dieser Macht festhalten zu wollen, ist noch vorherrschend, beinhaltet aber geradezu Sprengstoff. Es trägt nicht mehr, wenn von vordergründigen, scheinbar rechtlich oder kirchenhistorisch begründeten Machtansprüchen ausgegangen wird.

11. Auf Laienforderungen eingehen, nicht mehr vertretbare Machtbastionen aufgeben

Forderungen von mündiger Laienseite in der katholischen Kirche, wie z. B. die Aufgabe des Zölibats, die Einsetzung von Frauen zum Priesteramt, die Reform der überspitzten und überholten Sexualmoral in Verbindung mit einem weltweiten Ver-

---

1 Müller-Armack, Alfred: Das Jahrhundert ohne Gott, Heidelberg 1948.

bot der Geburtenbeschränkung, sind berechtigte Forderungen. Sie werden aber bekanntlich offiziell noch abgelehnt. Diese „alten“ Eckpfeiler können aber wohl kaum als absolute, von Gott eingesetzte Werte angesehen werden. Sie sind von Menschen hineininterpretiert worden, sind also abänderbar und neu auslegbar. Es ist zu fragen, wann diese überflüssigen Mauern endlich fallen und ursprünglichere, dem Christentum gerechter werdende Orientierungen an deren Stelle treten werden? Es nutzt wenig, wenn der Malaise durch Hinweis auf die Resistenz gegenüber modischen Zeiterscheinungen und durch Betonung „althergebrachter Werte“ beizukommen versucht wird, wenn eben diese historischen Werte selbst Fehlentwicklungen oder Fehlinterpretationen zum Inhalt haben. Das ist dann wie ein zu kurzes Tau, das man einem Ertrinkenden zuwirft.

12. Loslassen, Reform an Haupt und Gliedern

Ein solches „Loslassen“, eine Befreiung von vom Menschen gemachten Fesseln brauchte und sollte keineswegs bedeuten, daß die Menschen in noch mehr Orientierungslosigkeit entlassen werden, und gewissermaßen der Teufel durch Beelzebub ausgetrieben wird. Im Gegenteil, durch ein Leben nach dem Liebesgebot Christi, durch die personale, mündige Beziehung zu und Führung durch Gott könnten wir die Bindung wieder verstärken und damit unsere westliche Lebensgrundlage gegenüber anderen Wertesystemen in Ostasien befestigen. Dieses neue Selbstbewußtsein könnte nach draußen ausstrahlen, statt daß wir uns in der Defensive befinden.

Vor vielen Jahren sagte mir einmal ein Jesuitenpater aus Tokyo, daß die „lateinische Mauer“ beseitigt werden müßte. Er meinte dies im Hinblick auf die stagnierende Missionierung in Ostasien und auf die damals gerade mit weltweitem Anspruch verkündete „Pillenenzyklika“. Heute, nach weiteren 30 Jahren, muß man das Problem wohl noch grundsätzlicher fassen. Wenn die „lateinische Mauer“ nicht endlich geschleift wird, könnte es um den Fortbestand des Christentums überhaupt gehen. Dieses aber ist und bleibt die Grundlage unserer geistigen, sozialen und auch wirtschaftlichen Existenz!

13. Verhängnisvolle „Umformung“ des Christentums überwinden

Schon seit Paulus, aber weitaus mehr durch Augustinus hat über die sexuelle Erbsündentheorie eine verhängnisvolle Umformung, ja unnötige Überspitzung des Christentums Platz gegriffen. Auf dieser beruht seit vielen Jahrhunderten das Gebäude der christlichen Dogmatik.[2]

---

2 Pagels, Eliane: Adam, Eva und die Schlange, Die Theologie der Sünde, Reinbek (Hamburg) 1991, insb. Seite 307 ff.

Nach dem Ausbleiben der in der ersten Zeit nach Christi Tod erwarteten Endzeit legitimierte zwar das Konstrukt der Erbsünde den Macht- und Heilungsanspruch des zur Staatskirche gewordenen Christentums und so den Zugriff auf die Gläubigen. Damit war jedoch ein folgenschwerer Paradigmenwechsel vollzogen. Eine radikale Änderung der Richtung trat ein, die so im frühen Christentum nicht unbedingt angelegt war.

Diese „Fehl"-Entwicklung müßte im Grunde „aufgearbeitet" werden. Man könnte z. B. bei Pelagius, bei Klemens von Alexandria und anderen wichtigen Gegenspielern von Augustinus ansetzen und feststellen, daß Gottes Schöpfung im Grundsatz gut war und nicht durch den „Sündenfall" verdorben und schlecht ist. Die Grundprämisse von Augustinus, wonach Adams Sünde einen Wandel im Wesen der Natur bewirkt haben soll, ist absurd. Diese Position ist höchstens historisch als Gegenposition zu der damaligen Leibfreundlichkeit der Spätantike, aus der damaligen Überdrüssigkeit an der diesseitigen Welt, nicht zuletzt wohl auch aus der persönlichen Angeschlagenheit von Augustinus zu verstehen.

Diese Grundprämisse hilft jedoch heute nicht mehr weiter. Diese überkommene Auslegung wird nicht mehr akzeptiert. Demgegenüber ist das asiatische, sich ergänzende Yin-und Yang-Prinzip viel einleuchtender und steht mehr im Einklang mit dem Kosmos.

14. Neuer Paradigmenwechsel ist fällig

Es fragt sich immer drängender, wann die Zeit für einen erneuten Paradigmenwechsel kommt. Denn das Auseinanderleben von Kirche und abfallenden Gläubigen könnte nicht gravierender sein und ruft geradezu nach einem neuen Anfang. Das würde aber eine Rückkehrmöglichkeit zu einem voraugustinischen „goldenen Zeitalter", zum „eigentlichen" Christentum voraussetzen. *Elaine Pagels* stellt jedoch nach jahrelangen Untersuchungen dazu ein wenig resignierend fest, daß „unter streng historischen Gesichtspunkten von einem als solches identifizierbaren Christentum keine Rede sein kann" Sie plädiert deshalb nur bescheiden dafür, daß „... [man] gut daran tut, die einzigartige Dominanzstellung [von Augustinus] in der Geistesgeschichte des christlichen Abendlandes einer kritischen, relativierenden Neubesinnung zu unterziehen."

Dies geschieht im Alltag auch schon. Die Gläubigen gehen ungeachtet kirchlicher Schranken einfach zur „richtigen" Tagesordnung über. Der Kirche bleibt nichts anderes übrig, als widerstrebend zu folgen. Nur bringt ein solches Nachklappen keine besondere Aufbruchstimmung mit sich und den Kirchen weiterhin nur eine schmaler und schmaler werdende Basis, obwohl die Nachfrage nach religiösem Beistand immens ist und immer größer wird. Diese Nachfrage wird dann zum Schaden aller von obskuren Sekten zu füllen versucht.

De Rosa führt zur Frage des Fortbestandes unseres Christentums aus: „Die meisten Christen nehmen an, daß es (das Christentum; der Verfasser) eine göttliche

Garantie hat." Ich sehe hierfür keinerlei historische Grundlage. Wer sich darauf verläßt, daß das Christentum überlebt, ohne dafür etwas zu tun, verdient es nicht. Ich wünsche mir aber, daß die Christen auch andere Religionen als authentisch gelten lassen. Nur eine Religion, die dieses Maß an Weitherzigkeit erreicht, hat das Geheimnis des Überlebens."[3]

Vielleicht sind wir bereits auf dem Wege dahin. Das würde aber bedeuten, daß z. B. Christus als „Buddha" der Christen und umgekehrt Buddha als „Christus" der Buddhisten angesehen würde – beide haben der Menschheit wichtige Teileinsichten über das große Ganze gebracht. Dabei dürfen natürlich deren unterschiedliche Aussagen und die eigene Basis keineswegs verleugnet werden. Ein „Herrschafts"-Anspruch, von welcher Seite auch immer über die andere, wird dann allerdings der Vergangenheit angehören müssen.

15. Paradigmenwechsel von unten anstreben

Die Westkirchen bedürfen einer tiefgehenden Neuinterpretation des Christentums, um überleben und den westlichen Menschen und Industriegesellschaften heute eine tragfähige Grundlage sein zu können. Dies ist um so dringender, als sich in Ostasien eine Renaissance von Religionsströmungen vollzieht. Letztere mögen, wenn man die wie Pilze aus dem Boden geschossenen Neuen Religionen in Japan ansieht, z. T. fragwürdig sein. Sie sind aber als soziales und menschliches Auffangbecken vorhanden und tragen verläßlicher als die scheinbar im Abstieg befindlichen Westkirchen.

Einige positive Anzeichen deuten aber darauf hin, daß im Westen eine Neuinterpretation unserer Werte und damit vielleicht eine Neubelebung im Gange ist. Diese kann nach Lage der Dinge wohl nur von unten, nicht von oben erfolgen. Jedenfalls bleibt, was eine positive Zukunftsorientierung bzw. adäquate Auslegung anbetrifft, Bürgerinitiativen, aber auch den politischen Parteien ein großes, noch zu füllendes Betätigungsfeld. Dieses Aufbegehren von unten sollte sich immer stärker artikulieren und durchsetzen. Die Initiative „Wir sind die Kirche" könnte vielleicht ein Anfang werden und eine neue, notwendige Reformation einleiten helfen. Die bisherigen, „offiziellen" Stellungnahmen der katholischen Kirchenführer enttäuschen allerdings.

---

3 Rosa, Peter de: Der Jesus-Mythos, Über die Krise der katholischen Kirche, Frankfurt 1991.

II. Andere Wirtschaftsstrukturen und andere Formen der Wirtschaftspolitik in Ostasien, mit Handlungsvorschlägen

These 12 Zu einer neuen Innovations- und Technologiegesellschaft und -politik über mehr Dialog und dezentrale Moderation,
mehr strukturelle Marktöffnung und Marktwahrnehmung in Ostasien,
Fünf-Säulen-Vorgehen draußen, insbesondere über ein Netz deutscher Häuser und die Bündelung mittelständischer Firmen mit dezentraler Moderation.

Die harte wirtschaftliche Konkurrenz mit Ostasien ist in den Kapiteln C, D und E über die unterschiedlichen Transaktionsrahmen, über die anderen Marktwirtschaften bis hin zu unterschiedlichen Formen der Wirtschafts-, Forschungs- und Technologiepolitik behandelt worden. Dem Handlungsbedarf in diesen Bereichen sollen folgende Überlegungen dienen:

1. Handlungsvorschläge für das Innenverhältnis:

a) Langes „Sündenregister" als Ausgangslage

Wir sind uns oft selbst der größte Feind. Das beginnt mit den vielen Selbstblokkaden unserer Gesellschaft, unserer Politik und unserer Wirtschaft. Mangelnde oder schlechte Planung und Koordinierung, unzureichender unternehmerischer Wagemut für innovative Produkte, veraltetes Management und sozialer Overstretch, die Minuspunkte ließen sich weiter fortsetzen. Es ist ein langes Sündenregister, wir sind nicht mehr richtig fit. Hier muß aufgeräumt, müssen Neuanfänge gewagt werden.

b) Entrümpelung

Viele einengende Gesetze und Regelungen müssen auf nationaler und EU-Ebene, wo sich deutscher Perfektionismus und EU-Überbürokratie ausgetobt haben, entrümpelt und können ohne Schaden abgeschafft werden. Ansätze zur Entregulierung gibt es auf Länderebene, wie z. B. beim bayerischen Baurecht, weniger jedoch bislang beim Bund, und noch weniger, wenn überhaupt, bei der EU. Es ist noch viel zu tun!

c) Berührungsängste zwischen Forschung, Politik, Wirtschaft und Gewerkschaften überwinden

Die Deblockierung muß aber noch viel weiter greifen. Die stark ausgeprägten Berührungsängste zwischen Politik, Regierung und Wirtschaft müssen abgebaut werden. Dies hat zwar mit dem Standort- und Ostasienpapier der Bundesregierung, den erfreulicherweise zunehmenden Treffen der Wirtschaft mit dem Bundeskanzler über anstehende wirtschaftspolitische Fragen sowie mit den Aktivitäten des Asien-Pazifik-Ausschusses der deutschen Wirtschaft (der nach langen Kompetenzstreitigkeiten 1993 endlich seine Arbeit aufgenommen hat) begonnen. Das kann aber erst der Anfang sein, weitere Taten müssen folgen!

d) Innovationsschwäche basiert auf allgemeiner Saturiertheit der deutschen Gesellschaft

Unsere Grundlagenforschung gehört zwar noch zur Weltspitze. Aber die Umsetzung in innovative Produkte erfolgt zu langsam, wenn überhaupt. Wir sind, wie eine kürzliche Untersuchung des Kieler Instituts für Weltwirtschaft bestätigt hat, gut in Industriebereichen mit guter Mitteltechnik.[4] Letztere genügt aber im Vergleich zu unseren Konkurrenten und bei unseren Spitzenbelastungen bei Löhnen, Urlaubs- und Krankheitszeiten keineswegs.

Es darf nicht weiter heißen: hier basiserfunden, drüben aber in innovative Produkte umgesetzt und dabei gut verdient. Die innovative Lücke muß geschlossen werden, wobei die „Mitteltechnik" bei bisherigen Produkten durchaus ein verläßliches Polster bleiben kann und sollte. Die mangelnde Umsetzung in innovative Produkte bei uns hängt zwar mit der unseligen deutschen Reglementierungssucht zusammen, sie ist aber noch mehr auf die mangelnde Kommunikation(-sfähigkeit) zwischen Wissenschaft, Wirtschaft und Gewerkschaften sowie auf die abnehmende Kraft und den schwindenden Wagemut unserer Unternehmer zurückzuführen.

e) Dialog zwischen den Institutionen intensivieren und institutionalisieren

Insgesamt ist es also ein sehr komplexer Tatbestand, der zu dieser Selbstblokkade geführt hat. Die Schlußfolgerung daraus ist, daß der Dialog zwischen Politik / Regierung, Forschungseinrichtungen, Wirtschaft, Gewerkschaften und Gesellschaft wesentlich intensiviert und institutionalisiert werden muß. Politik, Regierung und auch kommunale Verbände sollten eine Kommunikations- und Moderato-

---

4 Klodt, Henning; Stehnet, Jürgen; u. a.: Standort Deutschland: Strukturelle Herausforderungen im neuen Europa, 5. Hauptbericht zur Strukturberichterstattung, Kiel September 1994.

renrolle bei den Firmen übernehmen. Damit sind keineswegs die Grundsätze unserer Marktwirtschaft über Bord zu werfen. Im Gegenteil, ein solches Miteinander sollte vielmehr als eine Weiterentwicklung unserer Marktwirtschaftspolitik gesehen werden.

Eine Art „Selbststeuerung" der Wirtschaft, etwa im Sinne der Gemeinschaftsforschung (AiF) für kleinere und mittlere Betriebe und übertragen auf die gesamte deutsche Wirtschaft könnte künftig kaum bessere Ergebnisse bringen.[5] Dies ist angesichts der schlechten Innovations-Performance unserer Wirtschaft und Gesellschaft in den vergangenen Jahren in Richtung Zukunft mit Fug und Recht zu bezweifeln. Politik und Regierung dürfen sich nicht nur auf die Rahmensetzung beschränken wollen und dann der Wirtschaft und den Gewerkschaften das Feld allein überlassen. Das hat nicht mehr funktioniert und dürfte auch künftig nur mäßige Ergebnisse bringen.

f) Dezentrale Moderation von Technologieanwendung

Erfreulicherweise gibt es auf kommunaler und auf Länderebene, zögerlich auch beim Bund Ansätze, die ärgerliche Innovationslücke endlich anzugehen und möglichst zu schließen. So hat die Industrie- und Handelskammer in Köln im Frühjahr 1994 einen Versuch gestartet, Universität, Wissenschaft und Wirtschaft in diesem Raum endlich miteinander in Beziehung zu bringen. In der Eröffnungserklärung wurde bezeichnenderweise darauf hingewiesen, daß, wenn es bislang Beziehungen zwischen der Wirtschaft und Forschung in diesem Raum geben sollte, diese rein zufällig und nicht beabsichtigt seien. Das war eine sarkastische Beschreibung des Noch-Ist-Zustandes, einer nicht zu begreifenden Kommunikationslosigkeit. Bayern hat Ende Dezember 1994 ein, das ganze Land umfassendes Projekt einer Technologietransferstelle in Nürnberg gestartet. Das ist ein vielversprechender Ansatz. Auf Bundesebene hat ein Technologierat seine Arbeit im Frühjahr 1995 aufgenommen. Dessen Ergebnisse bleiben abzuwarten. Es hat aber eher den Anschein, daß sich letzterer auf einen Dialog beschränkt und die ebenfalls notwendige Moderation außen vorläßt. Das ist aber zu wenig!

Das Problem ist jedenfalls erkannt, und Anfänge sind gemacht oder beabsichtigt. Diese Bemühungen sollten gerade auf dezentraler Ebene vorangetrieben werden. Falls der Bund, wie es bislang den Anschein hat, von entschlosseneren Ländern und Kommunen überholt wird, ist dies keineswegs negativ zu bewerten. Im Gegenteil, letztere können viel besser die Vorreiterrolle als Moderatoren übernehmen. Länder und Kommunen sind bei weitem nicht so wie die Bundesebene von marktwirtschaftlich-ideologischen Hemmungen gebremst und können auf ihrer Ebene eher vorangehen. Und der wichtige Such- und Findungsprozeß (*von Hayek*) könnte auf dezentraler Basis auch viel besser funktionieren.

---

5 Rede von Bundesminister Dr. Günther Rexrodt zur Jahreshauptversammlung der AiF und ihres 40-jährigen Bestehens am 8. Juni 1994 in Köln, BMWi-Pressemitteilung.

Ob dann „Moderationen" wirklich mehr Innovationsumsetzung bringen und unternehmerischer Wagemut wieder mehr einsetzen wird, bleibt abzuwarten. Es führt kein Weg an dem bekannten Ausspruch vorbei, daß man zwar die Pferde an den Fluß bringen kann, diese aber dann selber saufen müssen.

g) „Killerphrasen" gelten nicht

Für derartige Moderationen sprechen noch weitere Gründe:

- Das japanische Beispiel zeigt, daß eine solche Funktion der Regierung / Politik nicht in erster Linie mit zusätzlichen direkten Subventionen verbunden sein muß, wie dies dem MITI im Westen häufig unterstellt wird.[6] Unterstützungen laufen eher über Steuervergünstigungen und erhöhte Abschreibungen. Das MITI hat seine entscheidende Rolle bei der Vermittlung von Informationen, beim Zusammenbringen von F&E-Partnern, bei der Zusammenstellung des Konzeptes und der Durchführung des Projektes im vorwettbewerblichen Bereich als Moderator. Eine für unsere jetzigen Verhältnisse immer noch recht fremde, aber zum Nachdenken anregende Vorgehensweise.
  Ergo: Die häufig vorgebrachte Killerphrase, wonach eine Moderation durch die Politik zu einer zunehmenden Subventionitis führen müßte, stimmt nur sehr bedingt. Ob es dahin kommt, hängt vielmehr von der Standfestigkeit der jeweiligen Regierung ab.
- Auch der Einwand, daß die Regierung / Politik dann die technologische Richtung vorgeben würde, ist nicht besonders stichhaltig. Die Richtung sollte vielmehr im Dialog zwischen Firmen, Großforschungseinrichtungen und Universitäten etc. abgestimmt werden.
  Ergo: Auch diese „Killerphrase" ist nicht stichhaltig. Erfreulicherweise hat die bayerische Landesregierung auch verkündet, daß sie bei der Technologietransferstelle in Nürnberg nur den Rahmen, d. h. die Vermittlung und Moderation vorgeben wird, die inhaltlichen Projekte aber von Wissenschaft und Wirtschaft kommen und dann von der Wirtschaft durchgeführt werden sollten.
- Auch die Verantwortung für die Produktion innovativer Waren muß bei den Firmen liegen und bleiben. Eine Verschiebung der Verantwortlichkeit braucht nicht einzutreten. Das ist auch in Japan nicht der Fall. Keiner japanischen Firma würde es jemals einfallen, bei einem Mißerfolg Schadensersatz von der japanischen Regierung zu verlangen.
  Ergo: Diese „Killerphrase" hält einer Überprüfung ebenfalls nicht Stand. Vielleicht ist dieses Argument auch nur aus der überwuchernden „Verrechtlichung" und Absicherungsmentalität im deutschen öffentlichen und wirtschaftlichen Le-

---

6 Odagiri, Hiroyuki: Growth through Competition, Competition through Growth, Strategic Management and the Economy in Japan, Oxford 1994.

ben her zu verstehen. Wenn dem so wäre, müßte eine juristische Handhabe zum Ausschluß einer Haftung durch Politik / Regierung zu finden sein.

2. Handlungsvorschläge für das Außenverhältnis

Im Außenverhältnis sind zwei Richtungen zu verfolgen:

a) Marktöffnung und
b) Markterschließung in Ostasien.

Den notwendigen Aktivitäten sollen folgende Überlegungen dienen:

a) Marktöffnung, d. h. Öffnung der Strukturen und deren Wahrnehmung in Ostasien

aa) Druck auf strukturelle Öffnung

Der Druck auf strukturelle Marktöffnung ostasiatischer Länder ist weiter zu verfolgen. Nach den o. a. Ausführungen über die anderen Wirtschaftsstrukturen sollten unsere Erwartungen jedoch nicht allzu hoch angesetzt werden. Das Mißverhältnis zwischen unseren strukturell offeneren und deshalb leichter wahrzunehmenden Märkten und den strukturell verschlosseneren Märkten drüben wird auch künftig zu Spannungen und zu großen Schwierigkeiten führen müssen.

bb) Zusammentreffen von Strukturbarrieren mit unzureichendem westlichem Marketing

Es gibt ein unseliges Zusammentreffen zwischen den Strukturbarrieren drüben und unserem weiterhin zu geringen Engagement, der zu geringen Zahl hochinnovativer Produkte (die die Standardprodukte von morgen sein werden) und den zu hohen Preisen auf unserer Seite. Eine gewisse Japanmüdigkeit ist außerdem bei der deutschen Industrie unverkennbar.

Ob die durch den hohen Yen und die internen hohen Löhne erzwungenen Produktionsverlagerungen von Japan ins Ausland und vor allem die zunehmenden Importe Japans auch unserer Wirtschaft zugutekommen werden, bleibt abzuwarten.[7] Es ist eher zu bezweifeln.

---

[7] Laumer, Helmut: Japans Wirtschaft im Wandel: Konsequenzen für die Markterschließung, Ifo-Schnelldienst Nr. 10 / 11, April 1995.

cc) Keine Resignation gegenüber Japan

Das bedeutet jedoch keineswegs, daß wir resignieren sollten oder könnten. Japan ist weiterhin ein existentieller Wettbewerber, wenn es auch zunehmend Schwächemomente aufweist und wahrscheinlich seinen Zenit überschritten hat. Neben einem großen Engagement setzt aber ein Erfolg in Japan ein Angebot mit (hoch-)innovativen Produkten voraus, mit denen die japanische Wirtschaft zu beeindrucken ist bzw. die von dieser einfach gebraucht werden. Zulieferanten müssen dabei ihre Kalkulation ziemlich offenlegen, sozusagen „gläsern“ werden, Preissenkungen hinnehmen (beides hat aber bei uns auch schon eingesetzt) und innovativ ganz vorn bleiben.

dd) Marktöffnung auch in China und Südkorea notwendig, weitaus weniger in Taiwan

Marktöffnungsbemühungen sind neben Japan auch gegenüber der VR China und Südkorea zu verfolgen, z. B. bei der protektionistischen Abschottung, bei der Beseitigung von Unsicherheiten in der Rechtslage, der Transparenz und der Berechenbarkeit von (zusätzlichen) Belastungen. So muß Südkorea angesichts seiner jetzt propagierten Globalisierung beim Wort – aber in beiden Richtungen – genommen werden und Taten zeigen. Erfreulicherweise hat sich Taiwan bereits viel stärker ausländischen Lieferungen gegenüber geöffnet.

ee) Künftige Behandlung von Strukturbarrieren

Die Uruguay-Runde hat keine Erleichterung bei den vielfältigen Strukturbarrieren bringen können; diese waren nicht Gegenstand der Verhandlungen. Auch künftig ist hier kaum Abhilfe zu erwarten, da nach dem WTO-Arbeitsprogramm zunächst Umweltfragen und die dadurch bedingte Verzerrung des internationalen Handels behandelt werden sollen. Erst später könnten vielleicht einmal Strukturfragen an die Reihe kommen, was aber eher auf eine Vertagung „ad calendas graecas“ hinaus läuft. Der mühsame Weg über Behandlungen Fall für Fall muß also weiter fortgesetzt werden, wobei der eigenen Fitness für den weltweiten Wettbewerb und für mögliche interkulturelle Kooperationen große Bedeutung zukommt.

ff) Generelle Reziprozität ist keine Lösung

Eine Anwendung genereller Reziprozität, d. h. also ein quid pro quo, z. B. Lieferung „japanischer Walfischfleischhälften“ gegen „europäische Schweinefleischhälften“, würde der traditionell liberal ausgerichteten deutschen handelspolitischen Linie zuwiderlaufen und das angeschlagene freie Welthandelssystem nur weiter unterminieren. Das in der öffentlichen Meinung durchaus beliebte Instrument genereller Reziprozität könnte nur sehr zweischneidige Ergebnisse bringen und letztendlich über die Schädigung des Welthandels besonders auf die von diesem sehr abhängige deutsche Wirtschaft zurückschlagen.

gg) Selektive Reziprozität ist jedoch anwendbar

Selektive Reziprozität dagegen ist durchaus vertretbar. Die Bundesbank hat in einem einzigen Anwendungsfall recht schnell die japanische Regierung zum Einlenken bringen können.[8] Nur ist hier die „Munition" auf unserer Seite begrenzt, abgesehen von den „ideologischen Bauchschmerzen", die in jedem Fall auftreten würden. Situatives Vorgehen ist uns in der deutschen Seele einfach zuwider. Das enthebt uns aber nicht der Notwendigkeit, über mögliche selektive Anwendungen im Bedarfsfalle nachzudenken.

b) Marktwahrnehmung in Ostasien: Bündelung der Kräfte unter zielgerichteter Moderation, vom Drei-Säulen-Konzept zum Fünf-Säulen-Konzept

aa) Neue und konzertierte Wege

Zur besseren Markt- und Investitionspräsenz in Ostasien müssen neue konzertierte Wege beschritten werden: exportieren mit verbessertem Service, investieren und kooperieren (beides zur Sicherung unserer Exporte auf Dauer). Diese Dreierkombination ist uns von Japan in Ostasien seit vielen Jahren vorexerziert worden. Diese Ausrichtung wurde auch Anfang der 80er Jahre in einem Gutachten des damaligen ITE-Instituts[9] – leider ohne Resonanz in der Wirtschaft – gefordert. Erst allmählich wird die Notwendigkeit eines solchen kombinierten Vorgehens mehr und mehr von der deutschen Wirtschaft erkannt, werden über die Nur-Exporte hinaus Investitionen getätigt und Kooperationen eingegangen.

---

[8] Die Deutsche Bundesbank hatte Mitte der 80er Jahre japanische Banken von der Führerschaft bei der Begebung von DM-Auslandsanleihen solange ausgeschlossen, bis die japanische Regierung deutschen Banken im Gegenzuge das Recht einräumte, in Japan Wertpapierhäuser zu errichten. Die japanische Seite reagierte auf diese selektive Reziprozität relativ schnell, nachdem sie sich vorher sehr retardierend verhalten hatte. Deutsche Banken konnten, wenn auch unter z. T. „abenteuerlichen" Konstruktionen, Wertpapierhäuser in Japan einrichten.

[9] Wagner, Wolfgang; Stier, Burchard; Haas, Ulrike: Deutsche und japanische Investitionsstrategien in Südostasien, ITE-Institut, Hamburg. Ferner: Hilpert, Hanns Günther: Wirtschaftliche Integration und Kooperation im asiatisch-pazifischen Raum, Ifo Institut, Studien Nr. 5, München 1992.

bb) Deutscher Mittelstand nach Ostasien

Die Aktivitäten deutscher Großunternehmen in Ostasien reichen – trotz beachtlicher Erfolge auf dem Festland China in letzter Zeit – für eine starke deutsche Präsenz nicht aus. Die vielgerühmte Vielfalt und Stärke des deutschen Mittelstandes verwandelt sich aber im Fernen Osten wegen der engen Personal- und Finanzdecke in eine große Schwäche. Hier muß durch Bündelung der Kräfte Abhilfe geschaffen werden. Wir müssen offensiver werden. Wie man das machen kann, wird unter (cc) und (dd) dargelegt.

cc) Netz Deutscher Häuser auf dezentraler Basis (vierte Säule)

Zwei deutsche Bundesländer haben dazu – vor dem Bund – Initiativen ergriffen. Bayern und Baden-Württemberg haben zwei Deutsche Häuser, je eines in Schanghai und eines in Singapur, gefördert, die gerade für den Mittelstand eine gute Ausgangslage bieten können. Allerdings muß man betrüblicherweise feststellen, daß ein allererster Ansatz, das schon vor Jahren errichtete Deutsche Zentrum in Hakusan / Tokyo, initiiert von Baden-Württemberg und der Deutschen Bank, weiterhin nicht ausgebucht und kein rechter Erfolg geworden ist. Auch das deutsche Haus in Schanghai leidet noch unter erheblichen Kompetenzrangeleien verschiedener Institutionen, was aber, so steht zu hoffen, nur einen Übergang darstellt.

Diese Anfänge deutscher Häuser sollten in China und in Südostasien zu einem strategischem Netz erweitert werden. Weitere deutsche Häuser sind dem Vernehmen nach auch schon in der Überlegensphase. Diese Häuser sind für ein breiteres Tätig- und Heimischwerden deutscher Mittelständler in Fernost eine conditio sine qua non. Deutsche Wirtschaftsbeauftragte, integriert in die Häuser (nicht wie bislang abseits in Schanghai), können dabei wichtige Hilfestellung leisten. Falls der Bund seine bisherige Zurückhaltung bei deutschen Häusern aus finanziellen Gründen nicht aufgeben sollte, könnten und sollten weitere Aktivitäten von Bundesländern, Banken etc., also dezentral, vorangetrieben werden!

dd) Deutsch-deutsche Kooperationen (fünfte Säule) bei dezentraler Moderation, vom Drei-Säulen- zum Fünf-Säulen-Konzept

Deutsche Häuser allein können aber noch nicht die optimale Wirkung erzielen. Denn Mittelständler sind dort trotz gemeinsamer Serviceleistungen immer noch auf sich allein gestellt. Es muß mehr erfolgen. Deutsche Mittelständler sollten deutsch-deutsche Kooperationen (neuhochdeutsch: Poolings) – ein alter Vorschlag des Verfassers – eingehen. Diese umfassen ein gemeinsames Vorgehen, einen gemeinsamen, kostengünstigen Verkauf und Vertrieb z. B. komplementärer Güter. Bislang gibt es m. W. eine Messekooperation einiger deutscher Maschinenbauer in

Südkorea – moderiert von der WestLB und eine ähnliche Aktion der IHK Passau für die VR China. Auch bei der Motor Show in Tokyo im Oktober 1995 hat es einen deutschen Gemeinschaftsstand gegeben. Alles das sind Schritte in die richtige Richtung, nur müßten diese schneller und umfassender erfolgen!

Ein Moderator erscheint für ein solches Vorgehen jeweils unerläßlich. Der Moderator kann entweder eine Bank, eine Fachgemeinschaft eines Fachverbandes, aber auch ein Handelshaus oder ein Handelsagent sein. So ist daran zu denken, daß Fachverbände mittelständische Anbieter zusammenfassen helfen und auf ihrem Weg nach draußen begleiten. Entsprechende Überlegungen, z. B. im Rahmen des VDMA, gibt es erfreulicherweise schon.

Das bisher gewohnte Rezept: Jeder für sich und Gott für uns alle, wird zumindest den deutschen Mittelstand nicht zur Genüge nach Ostasien mobilisieren können. Ein gebündeltes Vorgehen setzt allerdings ein erhebliches Umdenken bei den Firmen und den Fachverbänden voraus. Die Zeit und Bereitschaft für derartige „Bündelungen" scheint aber langsam – endlich! – zu reifen. Wir sollten diese ungewohnten Schritte wagen!

Durch eine derartige Kombination von Mittelständlern ist neben Kostenersparnissen auch eine wesentlich bessere Verhandlungsposition – schon von der Größe her und damit an hierarchischem Gesicht und Gewicht draußen – zu erreichen. Ohne derartige Kooperationen dürften die deutschen Häuser nur von Großfirmen und von vereinzelten Mittelständlern genutzt werden und allenfalls suboptimale Ergebnisse bringen können. Und wir würden riskieren, nach dem japanischen Markt auch die Chancen auf dem großen chinesischen Markt nicht richtig zu nutzen oder gar zu verpassen.

Deutsche Häuser und deutsch-deutsche Kooperationen würden das bisherige Drei-Säulen-Konzept: deutsche Botschaften, deutsche Handelskammern und Informationen durch die Bundesstelle für Außenhandelsinformation (BfAi) plus einige Rahmenvereinbarungen mit der VR China (z. B. gemeinsame Erklärung über Empfehlungen für einen deutsch-chinesischen Standardvertrag für Exporte und Importe, Erklärung zur Gründung eines Dialogforums für Hochtechnologie, Erweiterung einer deutsch-chinesischen Infrastrukturarbeitsgruppe etc.) zu einem notwendigen Fünf-Säulen-Konzept erweitern.

ee) Deutsch-chinesische Joint Ventures

Deutsch-chinesische Joint Ventures sind ebenfalls ein ganz wesentlicher Schritt, um überhaupt drüben Fuß zu fassen. Vor einer solchen Gründung (wobei auf dem chinesischen Festland immer noch der chinesische Partner von der Regierung vorgeschrieben wird) gibt es z. B. nur ganz unzureichende Verteilungswege zum heimischen Endverbraucher. Wichtigster Grund für Direktinvestitionen mit einem heimischen Partner ist auch eine bessere Erschließung des chinesischen Marktes über eine Produktion vor Ort. Die lokale Produktion für den großen chinesischen Markt wird immer wichtiger. Die lokalen Verbindungen des chinesischen Partners stellen dann oft den einzigen Weg dar, um lukrative Aufträge zu erhalten. Dies gilt insbesondere für Infrastrukturprojekte im Energiesektor und anderen Investitionsgüterbereichen. Guanxi-Verbindungen sind bei der Auftragsvergabe oftmals wichtiger oder mindestens genau so wichtig wie Produktqualität und Preis.

ff) Deutsch-chinesische Mittelstandstreffen

Es bleibt schließlich abzuwarten, ob ein Weg über deutsch-chinesische Mittelstandstreffen – erstmals vom Bundesministerium für Wirtschaft Mitte Juni 1994 in Bonn veranstaltet – zu einer größeren Zusammenarbeit auf dem Festland führen kann. Im Jahre 1996 ist ein zweites deutsch-chinesisches Mittelstandstreffen in Peking geplant.

gg) Huckepackverfahren

Deutsche Großunternehmen könnten auch deutsche Mittelständler im Huckepackverfahren nach draußen mitnehmen. Das wäre zwar noch kein Keiretsu-Verbund im japanischen Sinne, könnte aber hilfsweise eine deutsche „Entsprechung“ werden und die strukturelle Schwäche des deutschen Mittelstandes im Ausland ausgleichen helfen. So vertritt z. B. der in Japan überaus erfolgreiche deutsche Druckmaschinenhersteller Heidelberger Druckmaschinen zwei weitere deutsche Anbieter von komplementären Produkten der Drucktechnik.

hh) Eigene Stärken aufbauen und ausspielen

Mehrere und neue Wege führen, wie in den obigen Vorschlägen dargelegt, nach Ostasien – sie müssen nur konzertiert und energisch beschritten werden. Insbesondere müssen Schwächen in unserer Struktur abgebaut und in eigene Stärken verwandelt werden.

Es fragt sich auch hier, wer die Initiative und Moderation übernimmt. Eine Selbststeuerung der Wirtschaft und der Firmen allein dürfte nicht ausreichen. Der Asien-Pazifik-Ausschuß der deutschen Wirtschaft, die Bundesregierung, Landesregierungen und Fachverbände sollten gemeinsam und ohne bisherige Abgrenzungsbedenken bzw. -rangeleien vorangehen. Erfreulicherweise enthält der Aktionskatalog des Asien-Pazifik-Ausschusses zeitliche Zielvorgaben. Damit ist „Action“ angesagt. Die Zeit lahmer, defensiver Erklärungen, warum dies und das unter unseren Gegebenheiten nicht möglich ist, sollte ein für alle Mal der Vergangenheit angehören. Die Welt richtet sich nämlich immer weniger nach unseren deutschen Besonderheiten. Wir müssen vielmehr auf die ostasiatische Welt zugehen, auch mit unkonventionellen Mitteln!

III. Umsteuern im unternehmerischen und gewerkschaftlichen Bereich, mit Handlungsvorschlägen

These 13: Von der tayloristischen (marxistischen) Konfrontation zu einem deutsch-ganzheitlichen Modell: innovative Gruppenarbeit mit hochqualifizierten Facharbeitern.

Manager müssen mehr Mut zeigen und vorhandenes Produktivitäts- und Innovationspotential ausschöpfen.

Hierzu gibt es folgende Überlegungen:

1. Im Innenverhältnis in Deutschland:

a) Das Zusammenspiel in japanischen Firmen als Meßlatte

Das menschliche Zusammenspiel wie z. B. in japanischen Firmen sollte auch Meßlatte für uns sein.

b) Konfrontationen abbauen

Wir müssen Konfrontationen abbauen, gegenseitiges Vertrauen (wieder-) aufbauen und den Menschen erneut in den Mittelpunkt des Betriebes stellen. Es ist ganz offensichtlich, daß die Übertragung reiner Managementtechniken allein nicht genügen kann. Es müssen Verhaltensänderungen einsetzen, sie sind entscheidend. Nur so sind auf Dauer bessere und überzeugende Ergebnisse zu erzielen.

c) Umdenken erforderlich

Dafür ist ein gewaltiges Umdenken bei Unternehmern, Gewerkschaften und im gesellschaftlich-politischen Umfeld erforderlich!

d) Schlankes Management nicht allein zu Lasten der Arbeitslosen- und Rentenversicherung

Ein schlankes Management darf nicht nur bedeuten, daß Arbeiter einfach zu Lasten der Arbeitslosen- und Rentenversicherung freigesetzt werden. Es impliziert auch, daß auch die Manager-Angestellten in Großunternehmen auf einen Teil ihrer weit überzogenen Bezüge verzichten bzw. diese von den Umsätzen abhängig gemacht werden.

e) Anzeichen für ein Umsteuern

Erfreulicherweise sind durchaus Anzeichen für ein Umsteuern erkennbar. So bemühen sich seit Anfang der 90er Jahre vermehrt Firmen um ein schlankes Management, was auch schon zu gewissen Erfolgen geführt hat. Fertigungsinseln mit größerer Eigenverantwortung der hochqualifizierten Facharbeiter, ein tatkräftiges Vorschlags- und Verbesserungswesen etc. sind Wege zu diesem Fortschritt.

f) Erfolgreiche Anwendung japanischen Managements bei britischen Transplants

Positiv stimmen sollte auch die erfolgreiche Anwendung japanischen Managements bei japanischen Transplants in Großbritannien. Dort hat sich in einem, von Japan so abweichenden gesellschaftlichen Umfeld und in einer aufgesplitterten Ständegesellschaft ein weitaus besseres Miteinander zwischen japanischen Unternehmern und englischen Arbeitern, als es bei britischen Unternehmen üblich ist, durchsetzen können. Das hat zu durchweg guten wirtschaftlichen Ergebnissen geführt. Erst recht sollten dann Verbesserungen in Deutschland erzielt werden können, wo die Ausgangslage weitaus besser als in Großbritannien ist.

g) Optimales Management setzt Zusammenarbeit voraus

Ein optimales Management mit besseren betrieblichen Kosten-Ergebnis-Relationen ist – wie das Japan-Beispiel zeigt – keine Hexerei, setzt aber ein Zusammenspiel vieler einzelner Faktoren, besonders der Menschen voraus. Ein Zusammenspiel, das auch uns offensteht. Wir müssen es nur wollen und durchsetzen. Wir könnten es auf einer deutschen Modellbasis: Gruppenarbeit mit qualifizierten und entsprechend eingesetzten deutschen Facharbeitern schaffen.

Beflügeln sollte uns in diese Richtung eine weise Voraussage des großen japanischen Wirtschaftsführers Matsushita Konosuke[10], wonach westliche, tayloristisch geführte Firmen den anders ausgerichteten japanischen Unternehmen hoffnungslos unterlegen sind. Das sind sie in der Tat. Das darf und braucht nicht so zu bleiben. Nur bei einer Umstellung können deutsche Unternehmen innen wie draußen auf Dauer Erfolg haben.

---

10 Matsushita, Konosuke: Quest for Properity, The Life of a Japanese Industrialist, PHP Institute, Tokio 1988.

2. Im Außenverhältnis zu Ostasien

(1) In Ostasien sind heute japanische Firmen vorherrschend: bei Exporten mit gutem Service, mit zunehmenden Investitionen und Kooperationen. Die USA sind wie der Asienkenner *James C. Abegglen* in seinem neuesten Buch „Sea Change, Pacific Asia as the New World Industrial Center" resignierend feststellt, auch wirtschaftlich auf dem Rückzug aus dieser Region. Europa erwähnt er nur unter ferner liefen.[11] Was Deutschland anbetrifft, ändert sich die Ausrichtung nach China und Südostasien aber zusehends in positiver Richtung.

(2) Man muß sich zwar auch fragen, ob es uns im großen chinesischen Raum nicht einmal ähnlich ergehen könnte wie heute in Japan. Das ist jedoch ein Problem von morgen oder übermorgen, dem wir aber jetzt schon gegensteuern sollten. Heute sind unsere Chancen als gut anzusetzen. Nur müssen wir verstärkt einsteigen und dabei unsere gemischten Turniererfahrungen mit Japan beherzigen. Wir dürfen nicht noch einmal verzagen und versagen.

IV. Zusammenfassung für alle drei o. a. Bereiche

Sicherlich kann man mit Verbesserungen in den drei besprochenen Bereichen jeweils separat anfangen und dann auch gewisse, aber letztlich nur suboptimale Ergebnisse erzielen. Optimal ist ein Vorgehen in allen drei Bereichen. Deshalb:

These 14: Ein optimales Ergebnis läßt sich nur über ein Tätigwerden in allen drei Bereichen:
Religion und Gesellschaft, Wirtschaftssystem und -politik sowie Arbeitgeber-Arbeitnehmer-Verhältnis erreichen.

---

11 Abegglen, James C.: Sea Change, Pacific as the New World Industrial Center, New York 1994.

Ausblick

I. Perspektiven der Wirtschaftsintegration im Größeren China

(1) Die Öffnung Chinas ist in erster Linie eine Öffnung zu China, d. h. zu den Chinesen außerhalb der VR China, also zu den Chinesen in Hongkong, Macao, Taiwan, Singapur und den anderen Auslandschinesen in Ostasien, weniger jedoch zum Westen oder zum Weltmarkt.[1]

(2) Die Wirtschaft ist der Motor, nicht die Politik (trade before flag). Die wirtschaftliche Integration ist nicht durch ein politisches Rahmenwerk wie bei der EU abgesichert oder gefördert. Die wirtschaftliche Integration hat sich gewissermassen verselbständigt, geht im Rahmen chinesischer Netzwerkbeziehungen vor sich. Erst 1994 ist ein Investitionsschutz zugunsten taiwanesischer Investoren erlassen worden. Taiwanesen werden danach weder wie Inländer noch wie Ausländer behandelt, sie haben einen Sonderstatus. Es bleibt abzuwarten, ob und inwieweit die politische Konfrontation zwischen der VR China und Taiwan, R.O.C., im Frühjahr 1996 die beiderseitigen Wirtschaftsbeziehungen nachhaltig beeinträchtigen wird.

(3) Diese Netzwerkbeziehungen zwischen dem Festland und Taiwan sind im Laufe der letzten Jahre diffuser und unübersichtlicher geworden.

(4) Eine Vereinigung zwischen der VR China und der Republik China auf Taiwan ist nicht absehbar. Dadurch würden die weiteren wirtschaftlichen Entwicklungsaussichten des Festlandes eher verschlechtert sowie die Gesellschaft und Wirtschaft Taiwans destabilisiert.

(5) Die Wachstumsdynamik in den einzelnen Teilen des Festlandes weist große und zunehmende Unterschiede auf.

(6) Taiwan, Hongkong und die Überseechinesen aus Südostasien können mit ihren Aktivitäten die langfristige Entwicklung des Festlandes nicht allein voranbringen. Deren erhebliche Investitionen betreffen im wesentlichen die Verlagerung von arbeitsintensiven Industriezweigen auf das Festland, da derartige Produktionen auf Taiwan oder in Hongkong wegen der gestiegenen Löhne unrentabel geworden sind. Das genügt aber noch nicht.

(7) Ein anhaltendes Wirtschaftswachstum auf dem chinesischen Festland wird nämlich von vielfältigen Infrastrukturinvestitionen und einer gründlichen Ausbil-

---

1 Herrmann-Pillath, Carsten: Wirtschaftsintegration in China, Eine empirische Untersuchung, Friedrich Ebert Stiftung, Düsseldorf 1994.

dung des sog. Humankapitals getragen sein müssen. Hier ist China auf umfangreiche ausländische Investitionen angewiesen und dort liegen insbesondere die Chancen für deutsche Investoren. Nach einer IFO-Umfrage[2] beurteilen ca. 70 v. H. der im chinesischen Raum tätigen und befragten deutschen Firmen die weiteren Aussichten in China als positiv. Das ist ermutigend.

(8) Die Auseinanderentwicklung von Südchina und den zurückbleibenden anderen Regionen des Festlandes könnte die inneren Brüche und damit die politische Desintegration verstärken.

(9) Das Größere China wird eine politisch schwach integrierte Gesellschaft bleiben, mit Netzwerken in den und über die einzelnen Handels- und Industriezentren.

(10) Die Politik muß versuchen, die Spannungen zwischen retardierenden und dynamischen Regionen auszugleichen.

(11) Das Größere China dürfte nicht den Weg der bisherigen ostasiatischen Wirtschaftswunderländer wie Japan, Taiwan oder Südkorea nochmals beschreiten können, denn für die Entwicklung letzterer waren politisch und kulturell in sich integrierte Gesellschaften prägend. Dennoch bleibt China natürlich ein großer Wirtschaftsraum mit einem ganz riesigen Potential, an dessen Wachstum wir partizipieren müssen.

(12) Taiwan stellt für das chinesische Festland ein wirtschaftliches und politisches Modell, endogener chinesischer Provenienz, dar. Weder Hongkong, noch Singapur können damit als Stadtstaaten konkurrieren. Natürlich ist auf absehbare Zeit nicht damit zu rechnen. daß die VR China das Modell Taiwan expressis verbis aufgreifen wird oder kann. Aber erfolgreiche Ideen und Modelle entfalten in der Regel eine fast unentrinnbare Sogwirkung.

Die heutige Vorbildfunktion Taiwans ist um so erstaunlicher, als Taiwan nach der Niederlage Chiangkaischeks auf dem Festland abgeschrieben zu sein schien. Heute, nach weiteren fast 50 Jahren, ist Taiwan mit seiner sehr überlegten und adäquaten Wirtschaftspolitik und einer zunehmenden Demokratisierungspolitik im besten Sinne des Wortes progressiv, dagegen das Festland eher als lernbedürftig anzusehen. Die Lage hat sich umgekehrt. Taiwan erscheint als ein gutes Zeugnis dafür, wie sehr doch in einem gegebenen Gesellschafts- und Transaktionsrahmen gute Konzeptionen und Taten zur rechten Zeit die Welt „verändern" können!

2 Gälli, A.; Franzen, J. (Hrsg): Die Familie des großen Drachens, Bd I und II, Ifo Institut für Wirtschaftsforschung, München 1995.

II. Menschenrechte auf dem Festland China

Zu dieser Frage stellt eine Untersuchung der Trilateralen Kommission „The Emerging China in a World of Independance" fest: „We believe that improvements in human rights should not be made a precondition for maintaining or expanding normal commercial conditions with China. The precondition implies that the two objectives are antithetical, whereas in fact they are mutually supportive. Expanded trade necessitates the development of a legal system; contact with the outside world awakens new aspirations for freedom. China's new entrepreneurial classes would be harmed by external frictures on trade."[3] Dem ist wenig hinzuzufügen.

Es war von vornherein eine westliche Illusion, daß eine Auflockerung der Wirtschaft uno actu mit einer demokratischen Entwicklung und damit auch mit mehr Schutz der Menschen einhergehen müsse oder könne. Die westlichen Demokratien sind für sich ein „geschlossener Club", die japanische Konsensdemokratie (im Unterschied zur westlichen Mehrheitsdemokratie) hat schon eine ganz andere Dimension, und die sich entwickelnde taiwanesische Demokratie ist wiederum anders gelagert, vom Festland ganz zu schweigen.

Die Reihenfolge für eine Auflockerung auf dem Festland ist wie folgt anzusetzen: zuerst wirtschaftliche Reformen, dadurch langsame Entwicklung eines Mittelstandes und darauf aufbauend auch politische Änderungen in Richtung einer Demokratie à la chinoise.

Dazu braucht es aber eines längeren Atems und auch indirekter Einwirkung. Gegenseitige intensive Wirtschaftsbeziehungen fördern diesen Prozeß. Vergessen wir dabei nicht, daß sich China während seiner langen Geschichte immer vor zentrifugalen Kräften, dem „luan", dem Chaos, dem Auseinanderbrechen gefürchtet hat. Und uns im Westen wäre auch nicht damit gedient, wenn sich in China ein ähnliches Tohuwabohu wie in Rußland breitmachen würde. Durcheinander in zwei Großreichen zur gleichen Zeit könnte der Westen kaum verkraften; das wäre zuviel der Bürde. Das sollten unsere westlichen, idealistisch eingestimmten Demonstranten bedenken.

III. Welche Werte- und Wirtschaftssysteme erscheinen leistungsfähiger?

Diese Frage ist sicherlich zu schwierig und zu vielschichtig, als daß sie hier einigermaßen befriedigend beantwortet werden könnte. Dennoch soll ihr nicht ausgewichen werden. Ich bitte auch hier um Nachsicht, daß sich einige, vorherige Darlegungen in dem neuem Kontext wiederholen.

---

3 Funabashi, Yoiichi; Oksenberg, Michel; Weiss, Heinrich: The Emerging China in a World of Independance, Trilateral Commission, New York 1994.

(1) Bis in das 13. und 14. Jahrhundert war China dem Westen technisch überlegen. Viele „zufällige" Erfindungen waren z. T. Jahrhunderte früher in China gemacht, aber dann nicht weiter verfolgt oder nicht systematisch weiterentwickelt worden. Bis etwa in das 17. Jahrhundert hinein kann man die Technik- und Wirtschaftsentwicklung in China und Westeuropa etwa auf gleichem Stand ansetzen.[4]

Danach begann in Westeuropa, vorbereitet und fundiert durch die Rationalismusepoche (die in Fernost keine Entsprechnung hatte) ein Vorwärtsstürmen der modernen Naturwissenschaften und einer zunehmend breiter werdenden Technisierung, was in die moderne Industrialisierung einmündete. Damit vollzog sich eine Entwicklung, die es vorher in der gesamten Menschheitsgeschichte noch nie gegeben hatte.

(2) Westeuropa zog am fernen China und Japan vorbei. China, das sich immer noch als „Reich der Mitte" und die anderen Völker als Barbaren und Vasallen wähnte, sowie Japan hatten sich in dieser entscheidenden Epoche über drei Jahrhunderte weitgehend von der übrigen Welt abgeschottet und wurden erst von den westlichen Mächten ab der ersten Hälfte des 19. Jahrhunderts zunehmend gezwungen, sich zu „öffnen".

(3) Japan, das im Laufe seiner Volkwerdung und Entwicklung immer wieder von draußen, d. h. insbesondere von China Einflüsse aufgenommen und einjapanisiert hatte, gelang es als erstem außereuropäischen „Entwicklungsland", recht schnell zu den westlichen Industrieländern aufzuschließen.

Dies gelang China aus den oben dargestellten Gründen zunächst nicht. Heute jedoch ist der gesamte sino-japanische Raum in anhaltendem Aufbruch begriffen und zur großen Herausforderung für den Westen geworden.

(4) Die westlichen Industrieländer haben zwischenzeitlich zwar einen historisch nie erlebten Wohlstand erreicht, lassen aber mehr und mehr die Grenzen der Tragfähigkeit dieses Prozesses erkennen.

Neben äußeren Begrenzungen ist von innen heraus die religiös-geistige Basis brüchig geworden, ohne die aber die weitere Entwicklung ins Stocken zu geraten droht.

Die Rationalismusepoche, die uns im Westen so weit getragen hat, geht sichtlich ihrem Ende entgegen. Sie erschöpft sich vielfach im „Problematisieren um des Problematisierens wegen", bringt weitgehende Orientierungslosigkeit, keine neuen Ziele und keinen neuen Schwung mehr mit sich.

Wir stehen vor einem großen geistigen Umbruch, der nicht allein mit Metaphern wie „Grenzen des Wachstums" oder „Ökologie vor Ökonomie" eingefangen werden kann. Das berührt nur die Oberfläche.

---

[4] Temple, Robert K. G.: Das Land der fliegenden Drachen, Chinesische Erfindungen aus vier Jahrtausenden, Bergisch-Gladbach 1990.

Der Umbruch geht weitaus tiefer. Wir müssen im Westen eine religiös-geistige Wende vollziehen und alte Wertevorstellungen neu interpretieren.

Den alten westlichen Dualismusgedanken – in den westchristlichen Kirchen als ausgeprägter Gegensatz von Körper und Seele, in der Philosophie und Wissenschaft als ein Hetzen von einem „... -ismus zum Gegenismus“ ohne Synthese, die gesamte Konfrontationsideologie im Alltag müssen wir überwinden, oder doch zumindest bändigen lernen.

Wir müssen wieder „ganzheitlicher“ werden. Dabei können wir an alte abendländische Grundlagen in unserer geistesgeschichtlichen Entwicklung anknüpfen. Schädliche Übersteigerungen in der anderen, den Menschen spaltenden und selbstentfremdenden Richtung müssen wir dagegen abbauen. Dann braucht uns vor der Zukunft des Westens gegenüber dem Fernen Osten nicht Bange zu sein!

(5) Auch im sino-japanischen Raum ist nämlich nicht alles Gold, was heute (noch) glänzt.

Auch dort hinterläßt der Säkularisierungs-, der moderne Wirtschaftsprozeß seine Spuren, wenn auch auf anderen Grundlagen und mit anderen Auswirkungen.

Zunächst konnte und kann die moderne Industrialisierung nur durch die Übernahme von Techniken aus dem Westen vollzogen werden. Japan als Vorreiter in dieser Region konnte nach dem Zweiten Weltkrieg, weitgehend auf der Grundlage westlicher Basisinventionen, in schneller Abfolge innovative Produkte entwickeln und produzieren, zum Staunen und Fürchten der westlichen Welt.

Dieser Prozeß scheint sich heute, 50 Jahre nach dem letzten Krieg in Japan, abzuflachen. Der Zufluß westlicher Basisinventionen hat sich erheblich verringert, und Japan scheint noch nicht in der Lage zu sein, mit eigenen Basisinventionen gleichzuziehen und damit die Lücke zu schließen.

Die Reihe neuer „innovativer“ Produkte aus Japan ist in letzter Zeit eher dünn geworden. Für Japan zeigen sich deutlich Grenzen des Wachtstums. So kann z. B. jederzeit die unglaublich hohe Überschuldung japanischer Banken zu weiteren Bankenpleiten mit noch nicht absehbaren Folgen führen. Aber wohl noch wichtiger ist, daß, wenn die Familien- und Gruppenbande wirklich lockerer werden sollten, die dann vereinzelten Japaner ohne ein größeres Ich-Gefühl weitaus gefährdeter als egoüberzogene westliche Individuen erscheinen. Man muß sich fragen, ob die japanische Gesellschaft überhaupt „internationalisierbar“ ist bzw. einer wirklichen Internationalisierung standhalten könnte. Die überaus positiven Voraussagen von Futurologen für Japan aus den 70er und 80er Jahren bedürfen heute einer erheblichen Korrektur. Berichte, wie in der Frankfurter Allgemeinen Zeitung vom 7. 12. 95, mit dem Titel „Mitleid mit Japan“, überspitzen zwar die Lage in Japan, kennzeichnen jedoch den Umbruch in diesem Land.

In Taiwan, dem chinesischen Entwicklungsprototyp im wirtschaftlichen wie politischen Bereich, und auf dem Festland ist noch ein weitgehendes Aufbruchsgefühl festzustellen. Es ist jedoch nicht abzusehen, ob und inwieweit dieser Prozeß, besonders auf dem Festland, so ohne weiteres weitergehen wird oder ob das große China nicht wieder in eine Epoche eines Durcheinanders, des gefürchteten „Luan" (Chaos) zurückfallen könnte. Aber selbst in einem solchen Falle ist und bleiben das Gewicht und die Bedeutung Chinas für uns sehr groß.

(6) Alles in allem kann man feststellen, daß das „Rennen" zwischen West und Fernost offen ist. Vielleicht ist eingangs die Frage auch insofern falsch gestellt, als es sich keineswegs um eindeutige Sieger oder Verlierer handeln könnte.

Beide Seiten könnten auch auf jeweils eigener Basis „gewinnen" und aus dem gegenseitigen Handels- und Kooperationsaustausch Nutzen ziehen. Nur setzt dies allemal voraus, daß der Westen Schwachstellen und Schieflagen beseitigt; nur Stärke gibt in Fernost Gesicht und Gewicht.

(7) Gesicht und Stärke brauchen wir gerade bei der zunehmenden interkulturellen Globalisierung und Kooperation. Es kommt darauf an, wer im Sinne des fernöstlichen Hierarchiegefüges letztlich den „oberen Ton" angibt. Bei aller Abwägung erscheinen interkulturelle Kooperationen zwischen „westlich-rationalen" Deutschen und „fernöstlich-rational-pragmatischen" Chinesen durchaus zukunftsträchtig – jedenfalls weitaus mehr als mit japanischen Firmen.

IV. Zu einer neuen Innovations- und Wagniskultur in Deutschland

These 15: Ostasien als „reale Utopie" des 21. Jahrhunderts.

Alte Menschen leiden nicht so sehr unter dem Verlust an Jugendlichkeit und Kraft, sondern weitaus mehr unter dem Verlust an Zukunft. Man kann diese Charakterisierung auch auf den Wachstumsprozeß von Kulturen, Gesellschaften und Völkern anwenden. Es hatte in den letzten Jahren manchmal den Anschein, als wenn wir in Deutschland den Glauben an die Zukunft schon aufgegeben hätten.

Für Deutschland kommt es darauf an, daß wir uns nach der Wiedervereinigung, zusammen mit Europa zu einer erneuerten Innovationsgesellschaft bereitfinden. Wir müssen von der behaglichen (oder vielleicht doch allmählich unheimlich gewordenen) Saturiertheit wieder zu vorwärts führenden Visionen finden.

Der Wirtschaftsaufbau im Pazifik bedeutet keineswegs den Abstieg für den Westen, wie es uns ein US-amerikanischer Außenminister schon um die letzte Jahrhundertwende weismachen wollte. Dieser sah damals nach dem Mare nostrum des Mittelmeeres im Altertum und dem Atlantik als entscheidende Drehscheibe in der Neuzeit ein pazifisches Zeitalter im 20./21. Jahrhundert heraufziehen. Natürlich hat Asien heute stark an Bedeutung gewonnen, aber Europa, der Westen wird sich daneben gut behaupten können, wenn wir unsere „Schularbeiten" machen. Eigene, ausbaufähige Grundlagen sind vorhanden. Wir müssen nur unsere „realen Möglichkeiten" nutzen.[5]

Und im ostasiatischen, pazifischen Raum zeigen sich schon genug Bruchstellen und Risse, wie z. B. beim Vorreiter Japan, die uns die Umorientierung erleichtern werden. Gerade wir Deutschen sollten uns immer unserer perfektionistischen Grundveranlagung bewußt sein. Wir sind gut beim Aufbau und beim Zerstören, wie wir es leider zur Genüge bewiesen haben. Perfektionistisch sind wir leider auch in „Zwischenphasen", d. h. bei der Überdehnung, Überfrachtung und Abbau des Erreichten. Das bedeutet, daß wir im Grunde für eine Konsolidierungsphase wenig begabt sind.

Nach dem Overstretch und der fast zementierten Saturiertheit der letzten Jahre müssen wir uns jetzt an einen neuen Aufbau wagen. Je schneller wir das begreifen, desto besser für uns, denn Ostasien läßt uns wenig Zeit und gibt vor allem kein Pardon.

Was die Zukunft angeht, sei noch ein Wort von Ben Gurion angeführt: „Wer kein Utopist ist, ist kein Realist". Nach der deutschen Wiedervereinigung und neben bzw. über Europa hinaus sollten wir uns von der Herausforderung durch Ostasien leiten lassen. Die Bewährung daran könnte zur große Kräfte freisetzenden Utopie des 21. Jahrhunderts werden.

[5] Fromm, Erich: Die Seele des Menschen, Ihre Fähigkeit zum Bösen und zum Guten, Frankfurt 1981.

Literaturverzeichnis

Abegg, Lily (1970): Ostasien denkt anders, Eine Analyse des westöstlichen Gegensatzes, München.

Abegglen, James C. (1994): Sea Change, Pacific as the New World Industrial Center, New York.

Albach, Horst (1990): Japanischer Geist und internationaler Wettbewerbs, in: Zeitschrift für Betriebswirtschaft, 1990, Heft 4, Wiesbaden.

Albert, Michel (1992): Kapitalismus contra Kapitalismus, Frankfurt, New York.

Batzer, Erich / *Laumer*, Helmut (1986): Deutsche Unternehmen im Japan-Geschäft: Markterschließungsstrategien und Distributionswege, ifo Studien Nr. 1, München.

Benedict, Ruth (1954): The Chrysanthemum and the Sword, Patterns of Japanese Culture, Tokyo.

Bohnet, Armin (1994): Chinas mittelständische Wirtschaft, Ihre Bedeutung, ihre Probleme und Ansätze zu ihrer Förderung, Gutachten für das Bundesministerium für Wirtschaft, Gießen.

Böttcher, Siegfried (1961): Lebensverhältnisse in der japanischen Kleinindustrie, Schriften des Instituts für Asienkund, Bd. IX, Hamburg.

– (1981): Die Japaner denken und handeln anders, in: Beilage zur Wochenzeitung „Das Parlament", Mai 1981, Bonn.

– (1984): Planrationalität und Marktrationalität, Vergleichende Betrachtung zwischen Japan und der Bundesrepublik Deutschland, in: Pohl, Manfred (Hrsg.), Japan 1983/84, Politik und Wirtschaft, Institut für Asienkunde, Hamburg.

– (1987 / 88): Deutsch-japanischer Vergleichsbericht über die Verteilungssysteme beider Länder, in: Pohl, Manfred (Hrsg.), Japan 1987/88, Politik und Wirtschaft, Institut für Asienkunde, Hamburg.

– (1990): Wirtschaftsentwicklung und Motivation in Fernost und Fernwest, in: Orientierungen zur Wirtschafts- und Gesellschaftspolitik, Ludwig-Erhard-Stiftung, Bonn.

– (1991): Unterschiedliche Marktwirtschaftstypen in asiatischen und westlichen Industrieländern, in: Orientierungen, Dezember 1991, Bonn.

– (1994): Kultur- und Wirtschaftsstrukturen: Deutschland und Ostasien im Systemvergleich, in: Orientierungen, September 1994.

Bürgin, Alfred (1993): Zur Soziogenese der Politischen Ökonomie, Wirtschaftsgeschichtliche und Dogmenhistorische Betrachtungen, Marburg.

Buss, Andreas (1989): Die Wirtschaftsethik des russisch-orthodoxen Christentums, Heidelberg.

Capra, Fritjof (1984): Das Tao der Physik, Bern.

Chamberlain, Jonathan (1993): Chinese Gods, Taipei.

Chang, C. K. (1994): Religion in Chinese Society, A study of contemporary social functions of religion and some of their historical factors, Taipei.

Cronin, Vincent (1955): Der Jesuit als Mandarin, Stuttgart.

Dore, Ronald (1994): Japanese capitalism, Anglo-Saxon capitalism, How will the Darwinian contest turn out?, in: Campell, Nigel H.; Burton, Fred (Hrsg.), Japanese multinationals, Strategies and management in the global kaisha, Routledge.

Droege & Comp. (1995): Unternehmensorganisation im internationalen Vergleich, Struktur, Prozesse und Führungssysteme in Deutschland, Japan und den USA, Frankfurt, New York.

Dürckheim, Karlfried Graf von (1975): Hara, die Erdmitte des Menschen, Bern.

Erlinghagen, Helmut (1990): Das Prinzip der Führung durch Examensauslese, in: Japan Info, Nr. 4, München.

Ernst, Angelika / *Laumer*, Helmut (1989): Struktur und Dynamik der mittelständischen Wirtschaft, Mitteilungen des Instituts für Asienkunde, Hamburg.

FASt-Studie, Nr. 21 (1994): Reaktionen in der Krise – Beschäftigungsabbau, Arbeitszeitverkürzung, Einkommenseinbußen und Business Reengineering in der Deutschen Automobilindustrie, Manuskript, Berlin.

Foreign Press Center (1992): Japanese Religion, A Survey by the Agency for Cultural Affairs, Religion in Japan today, Reference Reading Series, Foreign Press Center, Tokyo.

Fraunhofer-Institut (1995): Neue Produktions- und Organisationsformen in der Industrie, Bestandsaufnahme und Analyse der wirtschaftspolitischen Implikationen, Forschungsauftrag des Bundesministeriums für Wirtschaft, Fraunhofer-Institut, Karlsruhe.

Fromm, Erich (1981): Die Seele des Menschen, Ihre Fähigkeit zum Bösen und zum Guten, Frankfurt.

Fukuyama, Francis (1992): Das Ende der Geschichte, München.

Funabashi, Yoiichi; Oksenberg, Michel; Weiss, Heinrich (1994): The Emerging China in a World of Independance, Trilateral Commission, New York.

Gälli, Anton / *Franzen*, Jürgen (Hrsg.) (1995): Die Familie des großen Drachen, Bd. I und II, ifo Institut für Wirtschaftsforschung, München.

Gutheinz, Luis (1985): China im Wandel, Das chinesische Denken im Umbruch seit dem 19. Jahrhundert, München, Hamburg.

Hei-yuan, Chiu (1992): Glauben im Wandel, in: Freies China, 1992, Nr. 2, Taipei.

Hemmert, Martin (1993): Vertikale Kooperation zwischen japanischen Industrieunternehmen, Köln.

– (1994): Die japanische Wirtschaft heute, in: Die Struktur und Organisation der Industrie, Miscellanea, Phillip-Franz-von-Sieboldt-Stiftung, Tokyo, August 1994.

Hermann-Pillath, Carsten (1993): Kulturell geprägte Wirtschaftsdynamik und politischer Wandel in China, Beilage zur Wochenzeitung „Das Parlament“, B 52/93, Bonn.

– (1994): Wirtschaftsintegration in China, Eine empirische Untersuchung, Friedrich Ebert Stiftung, Düsseldorf.

Hilpert, Hanns Günther (1992): Wirtschaftliche Integration und Kooperation im asiatisch-pazifischen Raum, ifo Institut, Studien Nr. 5, München.

– (1994): Strategische Unternehmensverflechtungen (Keiretsu): Vorteile im internationalen Wettbewerb?, in: ifo Schnelldienst München.

Huntington, Samuel P. (1993): The Clash of Civilizations?, in: Foreign Affairs, Summer 1993.

ifo Institut für Wirtschaftsforschung (1993): Technologieschutz in Japan – Strategien für Unternehmenskooperationen, ifo Studien zur Japanforschung Nr. 9, München.

Johnson, Chalmers (1982): MITI and the Japanese Miracle, Tokyo.

Kennedy, Paul (1993): In Vorbereitung auf das 21. Jahrhundert, Frankfurt.

Klodt, Henning; Stehnet, Jürgen u. a. (1994): Standort Deutschland: Strukturelle Herausforderungen im neuen Europa, 5. Hauptbericht zur Strukturberichterstattung, Kiel.

Klump, Rainer / *Menkhoff*, Lukas (1995): Die Wirtschaftswunder in Ostasien, Eine Suche nach Erklärungen, in: ifo Studien, Zeitschrift für empirische Wirtschaftsforschung, München.

Kokal, Ljuba / *Albach*, Horst (1987): Industriepolitik in der Marktwirtschaft – Ein internationaler Vergleich, Schriften zur Mittelstandsforschung, Nr. 20 NF, Stuttgart.

Küng, Hans; Ching, Julia (1988): Christentum und Chinesische Religion, München.

Lau, Lawrence (1986): Models of Development, A Comparative Study of Economic Growth in South Korea and Taiwan, San Francisco.

Laumer, Helmut (1995): Japans Wirtschaft im Wandel: Konsequenzen für die Markterschließung, in: ifo Schnelldienst Nr. 10/11, München.

Maruyama, Masayoshi (1992): Structure and Change in Distribution Systems, The Analysis of Seven OECD-Countries, Background Report, Paris

Matsushita, Konosuke (1988): Quest for Prosperity, The Life of a Japanese Industrialist, PHP Institute, Tokyo.

Maull, Hanns W. (Hrsg.) (1993): Japan und Europa: Getrennte Welten?, Frankfurt, New York.

Morita, Akio (1993): Das Japan, das Nein sagen kann, Tokyo (japanisch).

– (1994): Das Asien, das Nein sagen kann, Tokyo (japanisch).

Müller-Armack, Alfred (1945): Zur Religionssoziologie des europäischen Ostens, Weltwirtschaftliches Archiv, Kiel

– (1948): Das Jahrhundert ohne Gott, Heidelberg.

Odagiri, Hiroyuki (1994): Growth through Competition, Competition through Growth, Strategic Management and the Economy in Japan, Oxford.

OECD (1992): Technology and the Economy, The Key Relationships, Paris.

Ogger, Günter (1992): Nieten in Nadelstreifen, Deutschlands Manager im Zwielicht, München.

Ohmae, Kenichi (1985): Triade Power: The Coming Shape of Global Competition, New York.

Pagels, Eliane (1991): Adam, Eva und die Schlange, Die Theologie der Sünde.

Pang, Chien-Kuo (1992): The State and Economic Transformation, The Taiwan Case, New York, London.

Porter, Micheal E. (1991): Nationale Wettbewerbsvorteile, Erfolgreich konkurrieren auf dem Weltmarkt, München.

Redding, Gordon (1993): The Spirit of Chinese Capitalism, Berlin.

– (1994): The idiom of Chinese Capitalism, ohne Quellen- und Ortsangabe.

Rexrodt, Günther (1994): Rede zur Jahreshauptversammlung der AiF und ihres 40-jährigen Bestehens am 8. Juni 1994 in Köln, BMWi-Pressemitteilung, Bonn.

RKW (1993): Zwischen Vision und Realität, Bestandsaufnahme und Perspektiven von Lean Production und Lean Management, Rationalisierungskuratorium der deutschen Wirtschaft, zweite RKW-Fachtagung 1993, unveröffentlichte Rohfassung, Frankfurt.

Rohde, Miriam (1995): Stand und Perspektiven des außenpolitischen Dialogs zwischen Deutschland und Japan, in: Japan, Wirtschaft, Politik, Gesellschaft, Institut für Asienkunde, Hamburg.

Rosa, Peter de (1991): Der Jesus-Mythos, Über die Krise der katholischen Kirche, Frankfurt.

Sautter, Hermann (1990): Ordnung, Moral und wirtschaftliche Entwicklung, Das Beispiel Taiwan, ifo Forschungsbericht 71, München.

Schneidewind, Dieter (1991): Das japanische Unternehmen, uchi no kaisha, Berlin.

Schneidewind, Dieter / *Töpfer*, Armin (Hrsg.) (1991): Der asiatisch-pazifische Raum, Landsberg (Lech).

Seitz, Konrad (1990): Die japanisch-amerikanische Herausforderung, Deutschlands Hochtechnologie-Industrien kämpfen ums Überleben, Bonn.

Shahar, Meir (1992): Ein Hund als Glücksbringer, in: Freies China, Mai-Juni 1992, Nr. 3, Taipei.

Temple, Robert K.G. (1990): Das Land der fliegenden Drachen, Chinesische Erfindungen aus vier Jahrtausenden, Bergisch-Gladbach.

Thamm, Ludwig und Hedi (1995): Glück, Geld und langes Leben, Tradition und Volksreligion im heutigen China, Regensburg.

The Boston Consulting Group (1995): Eine Management Perspektive, Asien: Eine Aufforderung, Frankfurt.

Thurow, Lester (1990): Kopf an Kopf, Wer siegt im Wirtschaftskrieg zwischen Europa, Japan und den USA?, Düsseldorf.

Tuchmann, Barbara (1989): Die Torheit der Regierenden, Von Troja bis Vietnam, Frankfurt.

– (1990): Sand gegen den Wind, General Stilwell und die amerikanische Politik in China, Frankfurt.

Wade, Robert (1990): Governing the Market: Economic Theory and the Role of Government in East Asian industrialization, Princeton.

Wagner, Wolfgang / *Stier*, Burchard / *Haas*, Ulrike (1985): Deutsche und japanische Investitionsstrategien in Südostasien, ITE-Institut, Hamburg.

Weggel, Oskar (1993): Perspektiven für die künftige Stellung pazifisch-asiatisch Industriekulturen in der Weltwirtschaft, in: Draguhn, Werner (Hrsg.), Neue Industriekulturen im pazifischen Asien, Hamburg.

Weiss, Dieter (1995): Entwicklung als Wettbewerb der Kulturen, in: Aus Politik und Zeitgeschichte, Beilage zur Wochenzeitung „Das Parlament", B 29/95, Juli 1995, Bonn.

Wirth, Hoß (Hrsg.) (1996): Wege zur innovativen Organisation: Beispiele für neues Denken und Handeln in industriellen Unternehmungen, Stuttgart.

World Bank (1993): The East Asian Miracle, Economic Growth and Public Policy, A World Bank Policy Research Report, Washington.

Yutang, Lin (ohne Jahresangabe): Mein Land und mein Volk, Stuttgart.

FSC
www.fsc.org
MIX
Papier | Fördert gute Waldnutzung
FSC® C083411

Kolibri 360 GmbH
Ferdinand-Jühlke-Straße 7
99095 Erfurt, Deutschland
produktsicherheit@kolibri360.de

Druck:
CPI Druckdienstleistungen GmbH
im Auftrag der
Kolibri 360 GmbH
Ferdinand-Jühlke-Str. 7
99095 Erfurt